HOW TO READ BUILDINGS

建築物を読みとく鍵

キャロル・デイヴィッドスン・クラゴー 著
鈴木 宏子 訳

目次

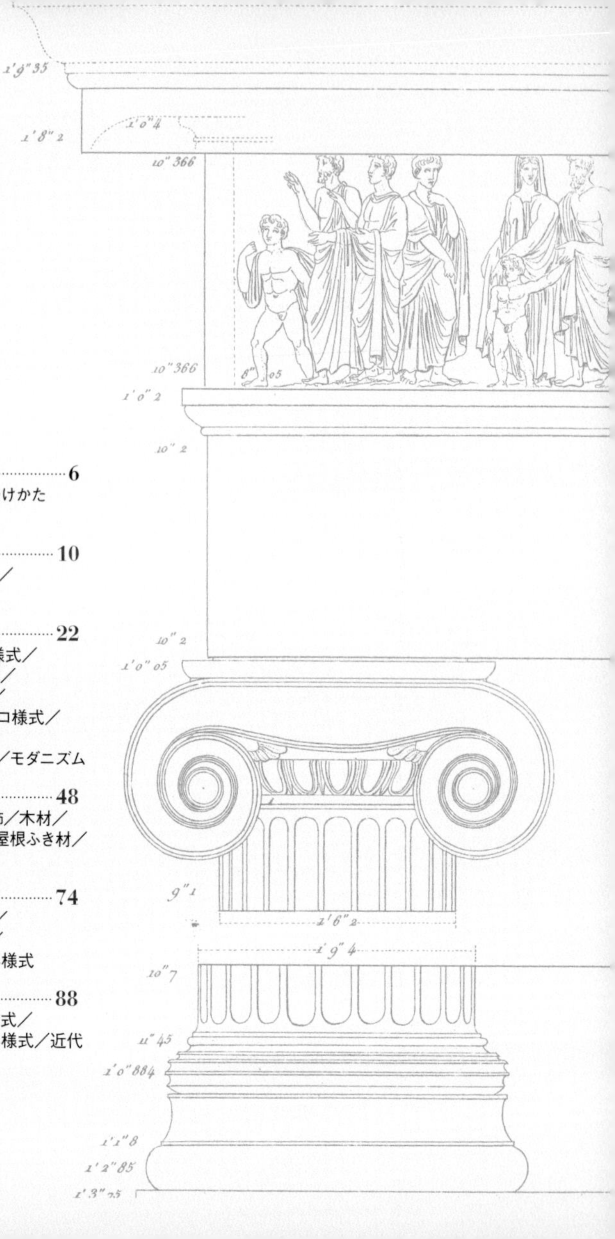

1'9"35
1'0"4
1'8"2
10"366
10"366
8"05
1'0"2
10"2
10"2
1'0"05
9"1
1'6"2
1'9"4
10"7
11"45
1'0"884
1'1"8
1'2"85
1'3"75

INTROD

はじめに

誰もが毎日いくつもの建築物の横を通りすぎていく。その中でも一目見てほかと違う、または特別だとわかる建物がある。しかしどこが違うのだろうか。いつ、なぜ作られたのだろうか。そんな疑問の解決に役立つのが本書で、建築物を理解するのに必要なテクニックを育むことができる。建物全体とそれぞれのパーツの細密なエングレーヴィング画を載せてあるので、古代ギリシャから現在にいたるあらゆる時代の建築物の鍵となる特徴を見ぬく方法が自然と身につくはずだ。

建築、すなわち建物を作る技には独特の言葉がある。建物を読みとくということは、言葉を読む行為にとても似ている。まずは基本的な構成パーツを理解しなければいけないが、いったん言語の構造がのみこめればどんなことでも読みとれるわけだ。

建築という言葉の文法には3つの基本がある。時代ごとの様式、それぞれの建築形式、建材だ。どれも建築物の外観を大きく左右するため本書では1章ずつ割いてある。この“文法的な”構造の中には、さらに構造上のパーツという建築上のボキャブラリーがある。柱・暖炉・屋根・階段・窓・ドアなどがそれだ。装飾オーナメントもこのボキャブラリーの重要な要素だ。やはりそれぞれに1章ずつあてているが、読んでいただければわかるように一貫して様式・建築形式・建材を基本的な枠として各要素を組みこんである。

右　アテネのヘファイストス神殿。ドリス式、紀元前449年に建造。7世紀にキリスト教会に転用された。

UCTION

建物を読みとく

　詳細に移る前に、建築という言葉が組みあわせられている例を1つ見てみよう。ここに示した2つの建物をながめていただきたい。何の建物でどこにあるかなどにはこだわらず、とにかく似ている点と違っている点を見つけてみよう。違いは明らか。左側のヘファイストス神殿は低くて横長、右側の聖パンクラティウス教会は中央に高い塔がある。しかしもう少しくわしく見ていくと類似点が浮かんでくる。特に教会の前にある、三角のペディメントが乗った横ならびの6本の柱は、教会のデティールのほうが小さくて繊細ではあるが、神殿の前面にそっくりだ。これは単なる偶然ではない。この教会は19世紀初期にギリシャ復興様式で建築されたため、デティールは意図的に古代ギリシャ神殿に似せてあるのだ。本書を読めばこんな比較がすぐにできるようになる。

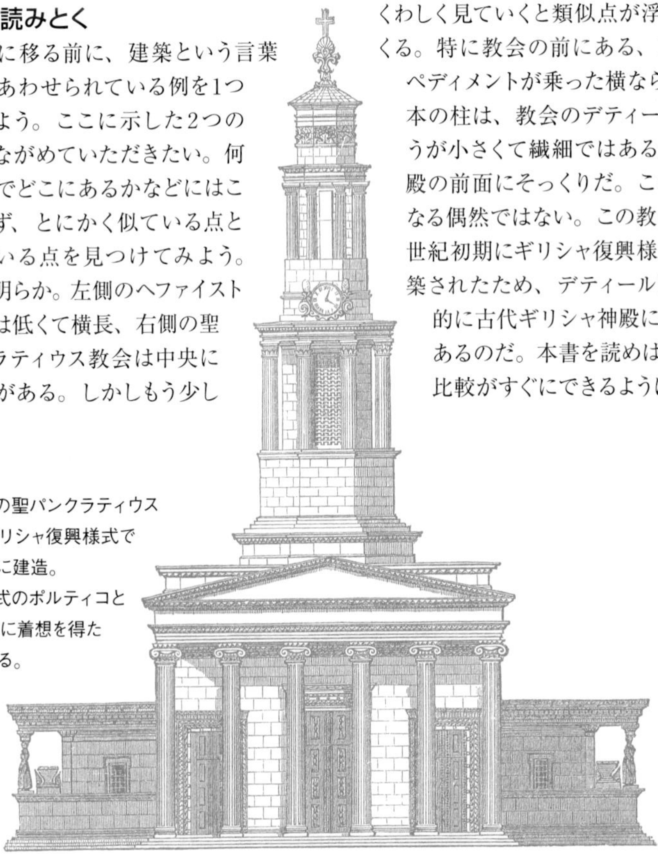

右
ロンドンの聖パンクラティウス教会。ギリシャ復興様式で1819-22に建造。イオニア式のポルティコと古典様式に着想を得た尖塔がある。

手がかりの見つけかた *Looking for Clues*

建築物を読みとくのは、探偵が調査をするようなもの。建物を判断する手がかりを探さなければいけないわけだ。手がかりは形を変えられた窓かもしれないし、建材の変化、改築後も残された古い構造の細部かもしれない。目につかないデティールなどの小さくて見落としそうなことかもしれないし、どうしてあんなふうになっているのだろうと首を傾げたくなる、妙な不整合部分かもしれない。同じ建物は1つとしてないため、腕ききの探偵のように1つひとつ気持ちも新たにアプローチする必要がある。ただしまず注目したい共通の手がかりもいくつかある。

デティールの影響 The impact of details

左のイラストからわかるように、建物を読みとくにはデティールと土台の構造の両方を見ることがきわめて大切。この3軒の家の場合、内側はまったく同じだが、縦長のピラスター(柱形) やストリングコース(蛇腹層) など外装のデティールが違うため異なって見える。

屋根の跡 Roof scars

改築を行うとたいていは何らかの痕跡が基本構造に残るもの。ここでは屋根の形を変えて平らにしてあるが、もとの屋根の縁が見えている(1)。以前の壁が突出している部分(2)も、現在は失われた構造を知る手がかり。

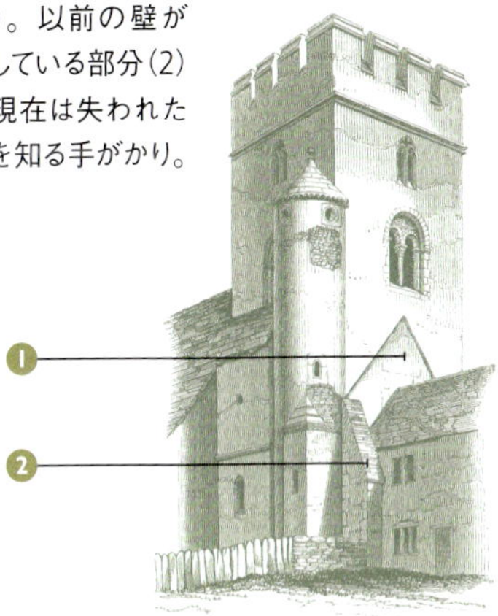

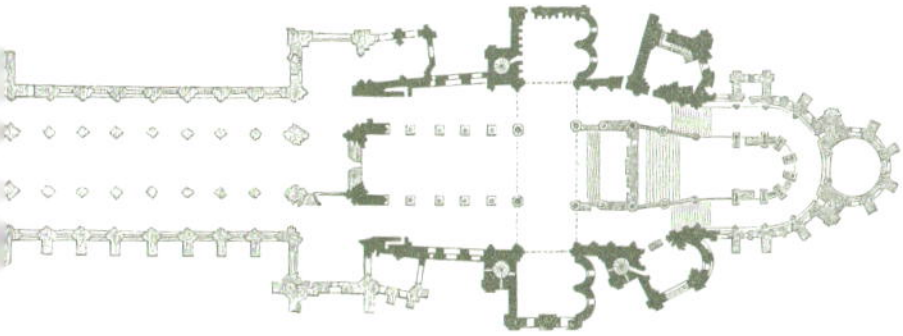

不整合な形 Oddities

ほかと違う、または不整合な部分は、どのように建物が変えられたかを知る手がかりになることが多い。たとえばカンタベリー大聖堂の場合、東端(この図では右部分)のでこぼこした曲線を見ると、1170年代から1180年代にかけて聖堂の東端が建てなおされた際も、もとの構造がほとんど壊されていないことがわかる。

形を変えられた窓 Altered windows

異なる様式が重なっているところを見抜くことができれば、どのように建物が変化したのか理解する手がかりになる。ここでは、トレーサリー(狭間飾り)から15世紀に作られたとわかる大きな窓が、12世紀に建造された2つの開口部(今も一部が見えている)にはめこまれている。この教会が長いあいだにどう変わってきたかを読みとるのに役立つ。

増　階 Inserted floor

このイタリアの市営建築は明らかに18世紀に増階していると思われる。店の表がまえとその上に新古典主義の窓がある構造が、まわりを囲む中世風のアーチとそぐわないためだ。おそらくアーチ部分は開口していたのだろう。外部につけられた階段からも内部に手が加えられたことがうかがえる。

BUILDING TYPES
建築形式

イントロダクション *Introduction*

建物の役割が外観を左右することもある。ほかにはない、すぐに目につく特徴を備える建築形式も多い。教会の塔や店のウィンドウもその例だ。こういう特徴的な構造は、装飾的な目的はもちろん実用的な役目を持っているものが多く、たとえば教会の塔には人々を礼拝に呼ぶ鐘が下げられている。このような鍵となる特徴を知っていれば建物の種類を見わけるのに役立つが、ある形式の要素がまったく別の建築に装飾アイテムとして用いられる場合もある。たいていは形式同士を組みあわせるのが目的だ。

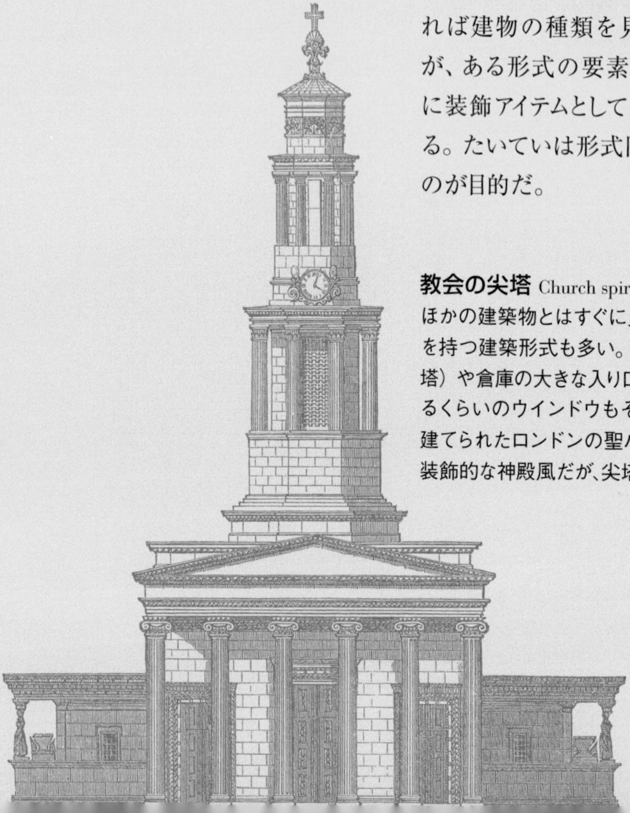

教会の尖塔 Church spire
ほかの建築物とはすぐに見わけられる著しい特徴を持つ建築形式も多い。モスクのミナレット（光塔）や倉庫の大きな入り口、店舗特有の大きすぎるくらいのウインドウもその例だ。1819-22年に建てられたロンドンの聖パネラス教会の表構えは装飾的な神殿風だが、尖塔はいかにも教会らしい。

神殿のファサード Temple facade

いかにも古典様式の神殿らしい表構えで、柱に支えられたペディメントが目を引く。ペディメントは内部のセラ(聖所)を隠す役割も果たしている。トルコはテオスにあるこのディオニュソス神殿が好例だ。ルネッサンス時代や、バロックおよび新古典主義時代には神殿の表構えが装飾的な形状として広く使われた。

特徴が組みあわせられている場合 Combined features

様々な建築形式を見わけられるようにしておくと役立つ。中には複数の形式を組みあわせた建築物もあるからだ。たとえばポーランドにあるマルボルク城の騎士堂は要塞塔形式で作られているが、装飾的な大窓は貴族的な住まいの特徴。

駅　舎 Railway station

新たな役割が発生すると、それにともなって新しい建物形式が開発される。駅舎もその例だ。1851-52年に作られたロンドンのキングズクロス駅はごく初期に建てられた駅舎の1つ。外側からもアーチ形の車両格納庫がすぐに見て取れる。大きな時計と広い待合い所も備えつけられている。

コロネード(列柱)式テラスハウス Colonnaded terrace

これはジョン・ナッシュが19世紀初期に設計したロンドンのパークテラス。実は両端同士が接する住宅棟が列状に並んだ作りだが、前面に張りだしたコロネードのおかげで全体的なデザインにまとまりが生まれ、1棟ではどんな住宅もかなわない広壮な雰囲気が出ている。

宗教的建築物 *Religious*

教会や神社仏閣の形式は宗教によって異なるが、ほとんどが礼拝者が集えるスペースを備えているのが特徴。また多くの宗教ではこのスペースが性別ごとに分けられているし、正式に入信していない人用の特別なエリアを用意している例もある。キリスト教のミサのように聖職者が儀式を執り行う信仰の場合は専用の場所を用意してあるのが普通だ。この場所には信徒が入れるケースもそうでないケースもある。宗教的建築物は地元でも一番目立つものが多く、まわりの建物から一段と際だつドームや高い塔などが特徴となっている。

教会の立面図 Church elevation

中世に建てられた大きな教会は階がいくつもあり、各部分を縦に配置した図は立面図といわれる。教会や聖堂立面図の重要部分はクリアストリーの高窓（1）、トリフォリウム（2）、ヴォールト（3）、ヴォールトリスポンド（4）、身廊アーケード（5）、側廊の窓（6）、ブラインドアーケード（7）。ただしすべての教会がこれらの部分を備えているわけではない。

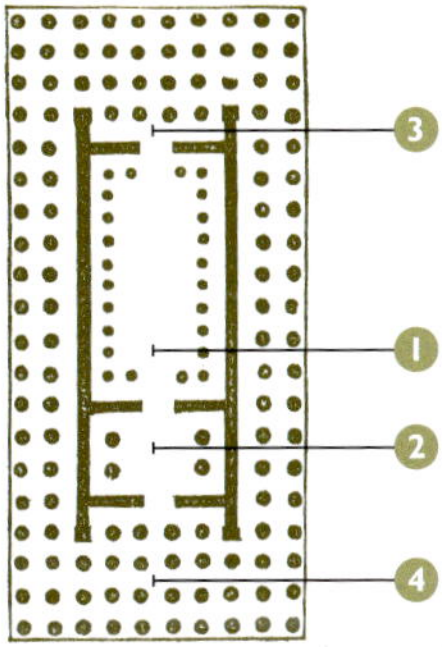

神殿平面図 Temple plan

ギリシャ神殿内部にあるセラ（1）にはそこで奉じられる神像が置かれる。窓はなく神官のみが入ることができ、参拝者は外部に立つ。その手前にはプロナオス（2）、後部にはエピナオス（3）がある。さらにこれら全体をコロネードやペリスタイル（4）で囲むのが普通。

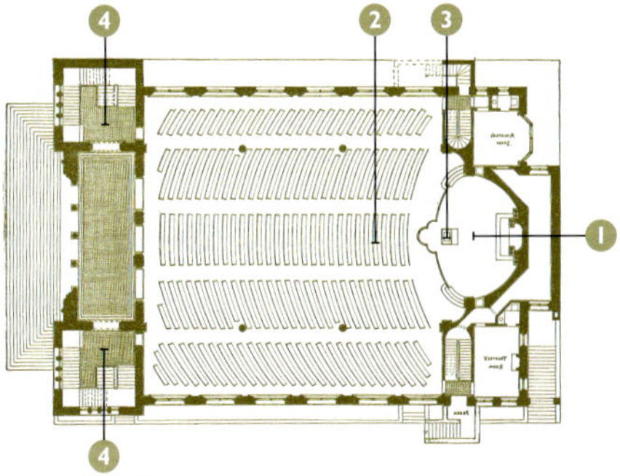

シナゴーグ Synagogue

シナゴーグはユダヤ教の礼拝堂で、東端の一段高くした（1）には聖典の巻物を収める聖櫃が配置されている。広いスペース（2）は座席、（3）は聖典を読む机のビーマー。ニューヨークにあるこのベテル教会堂（1892）には階段で上がる女性用回廊（4）もついている。

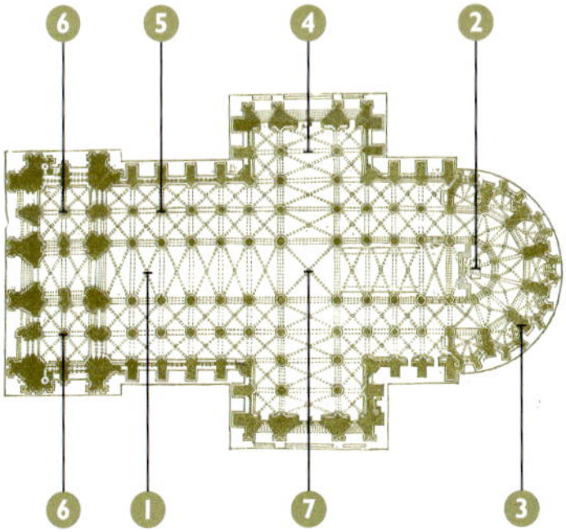

教会平面図 Church plan

キリスト教の教会には2つの主な部分がある。礼拝者が集う身廊（1）とミサを執り行う内陣（2）だ。ここにあげたドイツのケルン大聖堂はさらに作りが複雑で、半円形の後陣（3）、交差廊（4）、側廊（5）、西塔（6）のほか、中央の十字交差部（7）もある。

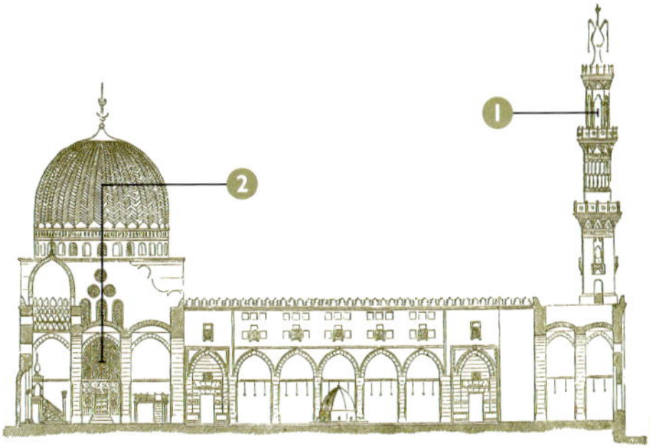

モスク Mosque

イスラム教の礼拝堂をモスクという。重要な特徴は信徒に礼拝を呼びかけるミナレットという高い塔（1）と、通常はドームをいただく大きな広間（2）だ。広間には礼拝者が集まって祈りを捧げ説教を聞く。この図はエジプトはカイロにある、12世紀（1149頃）に建てられたスルターン・バルクーク・モスク。

城と宮殿 *Castle & Palace*

城は敵から身を守る要塞施設であり、宮殿は王侯貴族の豪壮な住居だといえる。しかし中世では2つの区別があいまいになることが多かった。城には豪華な住居施設があったし、宮殿の外側には堅固な防御施設がついていたからである。塔も中世の要塞施設と貴族の住居には重要だった。17 世紀以降は要塞と貴族的な住居が分けられるようになり、宮殿建築物は持ち主の富と威光を誇示するショーケースとして発達した。18 世紀と 19 世紀には広壮な住宅が数多く建てられ、新たな建築形式系——主に大規模なホテル——も宮殿建築の表現形式を借りている。

中世の城 Medieval castle

パリにある中世に建てられた旧ルーヴル城（現在のルーヴル宮殿に痕跡が残っている）は門楼（1）、隅塔（2）、中央主塔（3）などによって盤石の守りが固められていた。ただし王と家族が使う豪華な住居施設（4）や礼拝堂（5）もあった。

ルネッサンス様式の宮殿 Renaissance palace

フィレンツェにあるメディチ家のパラッツォ《宮殿》（1444年着工）は典型的なイタリアルネッサンス期の宮殿。堅固な壁に守られた1階は収蔵品を保管する場所になり、中庭への入り口もある。主な住居施設は上の階にあり、大きな二開口窓がついている。

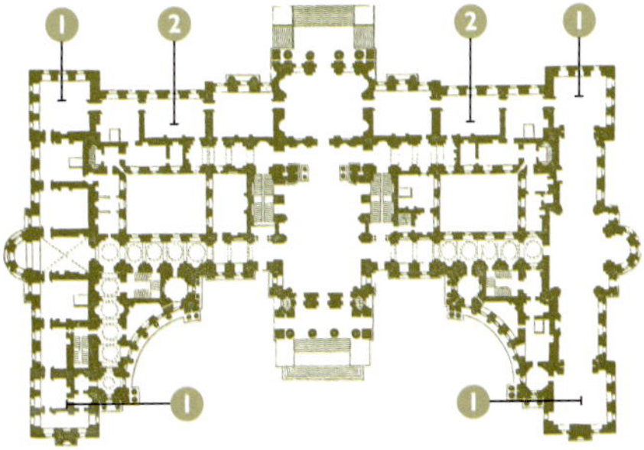

小塔を備えた宮殿 Turreted palace

オックスフォードシャー州のブレナム宮殿は1705-22にかけてマールバラ公のために建築された。隅塔（1）からは要塞らしいものものしさや宮殿が記念する武勲がうかがえるが、実は装飾で実際的な機能はない。この時代に共通する作りとして豪華な主室はアンフィラードになっている――独立した廊下がなくつながりあっている構造である（2）。

富豪の大邸宅 Millionaire's mansion

貿易や事業経営で巨万の富を築いた19世紀の大事業家が建てた自宅は、名称こそ違っても実質は宮殿のようなもの。その1つがヴァンダービルト家が所有するイタリア風邸宅で、米国はロードアイランド州のニューポートにあるブレーカーズ。部屋が78室もある。設計者はリチャード・モリス・ハント、1893-95年にかけて建築された。

豪壮なホテル Grand hotel

19世紀に列車や蒸気船が発達し、大衆がさかんに旅行するようになるとホテルも建築形式として重要性を増し、宮殿の様式を取りいれたきわめて豪壮な建物が造られるようになった。たとえばシンガポールのラッフルズホテル（1887）ではパラディオ式窓と地元のモチーフが組みあわせられている。

住　宅 *Domestic*

住宅は身のまわりにある主な建築形式だが、時間の流れの中で著しくデザインが変わっている。昔は中庭を囲むように家が建てられ、部屋はひと続きになっていた。今も多くの熱帯地方ではこんな作りだ。中世ヨーロッパでは住まいの重要なところといえば大広間、つまり広く仕切りのない部屋で、キッチンや食堂、寝所として用いられた。16 世紀になると上階の部屋など区画された個人のスペースが広く作られるようになる。また都市の発展にともない両端がつながったテラスハウス（連続住宅）が発達した。

トスカナ式アトリウム

Tuscan atrium

これは古代ローマの邸宅の豪華な内装仕上げがわかるアトリウム・トスカナム（トスカナ式アトリウム）。天窓のある中央アトリウムは格《ごう》天井で壁にはフレスコ画が描かれている。部屋はそれぞれアトリウムに続き、中央には水盤があった。

大広間 Great hall

中世の住まいでは大広間が主なリビングエリアで、共用の食堂および寝所として利用され、屋根が見えて大窓がついているのが一般的だった。奥の2つのドアはそれぞれ乾物と水分のある食品を収納するパントリーとバタリーへ続く。

張り出し構造の都市住宅

Jettied urban house

中に入らなくても中世に建てられたこのフランスの住まいは複数の階数があることがわかる。床の根太《ねだ》端であることがうかがえる突出した張り出し部は片持ち梁になって強度を確保しており、明らかに床があることを示す。住まいの前面に連なる突きでた梁にはくまなく装飾が施されている場合が多い。

郊外の家 Suburban house

どんな点からこの家がたとえば店舗ではなく住宅だと判別できるだろうか。1つは大きすぎも小さすぎもしないそのサイズから住まいだと考えられる。それに玄関口が1つであること、上階と下階の窓がどれも同じ大きさであることも手がかりだ。店舗のウィンドウは1階のほうが大きいはず。

アパートメント棟 Apartment block

ロンドンはハイゲート地区に1935年頃に建てられたハイポイントフラット。目立つエントランスが1つだけあり、階がいくつも重なって窓が並んでいることからすぐにアパートメントだとわかる。棟はどの住居も日当たりと風通しが確保できるように設計された。

公共施設 *Public*

たいていの社会には、市民または行政用、大規模な娯楽用、または不特定多数の人々が自由に見られる住宅展示用など何らかの公共施設がある。公共施設の中でも一番一般的なのは劇場や行政施設、図書館、ミュージアムだろう。この種の建物には宗教施設や住宅、商業施設とは異なる独特の形式があり、いくつかの鍵となる特徴——市庁舎の高い塔など——がよく見られる。内部構造もほかとは違う。例として劇場の観客席や美術館の広いギャラリースペースなどがあげられる。

劇　場 Theatre

これは古代ギリシャの劇場の内部説明図。現代の劇場とほとんど変わらないことがわかる。座席はどこに座っても舞台がよく見えるよう後方がせり上がる階段式になっていて、劇は高くした舞台の上で行われ、下方に楽隊や踊り手が控えるオーケストラボックスがある。背後には控え室と倉庫が配置されている。

市庁舎 Town hal

ベルギーはブリュッセルにある15世紀に建てられた後期ゴシック様式の市庁舎。その高くそびえる塔には時計がはめこまれ、鐘も下げられている。町のどこからでも時計が見やすいのに加え、高い塔は市民の矜持と地域が持つ活力の印でもある。

大学図書館 College library

いつの時代も学校や大学に欠かせないのが図書館。17世紀に建築されたケンブリッジ大学のトリニティカレッジ図書館には大きな窓がはめこまれ、上階の読書室には自然光がたっぷり差しこむ。下方のアーケードは書架が並ぶエリアを目隠ししている。

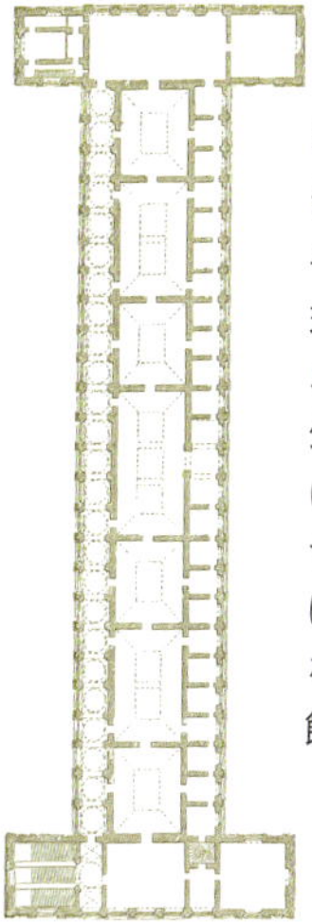

ミュージアム Museum

公共ミュージアムは18世紀後半に新しく登場した建築形式。ドイツはミュンヒェンのアルテ・ピナコテークは最古の公共美術館の1つ。館中央部に続きになった展示室がいくつかあり、天井から採光。脇には複数の小さい展示室がつながっている。現在でも美術館によく採用される構造だ。

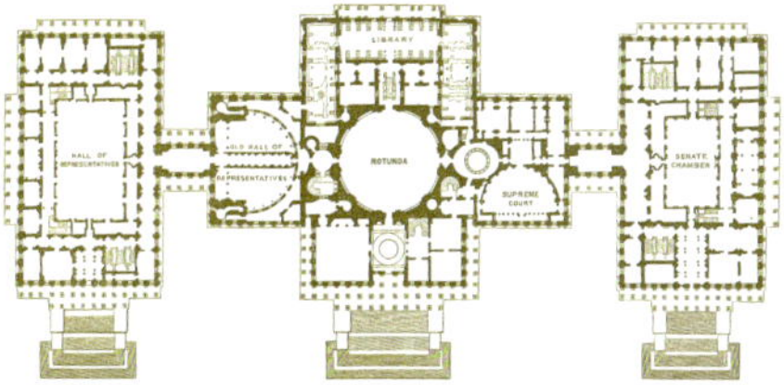

政府機関 Government building

ワシントンDCにある米国連邦議会議事堂の構造は、2つの議院、上院と下院からなる米国政府の機構をそのまま表している。それぞれ両翼の広い議場が割りあてられ、中央にはドームをいただくロトンダのエントランスがある。小さい議場も備わっている。

商業施設 *Commercial*

品物の売買や製造が行われる社会には、物品を作る場所と保管する場所に加えて、売り手と買い手が顔を合わせる場が必要だ。地面に布を広げただけのシンプルな店であってもかまわないわけだが、都市が発達するにつれて商品を保管して販売する専用の施設が望まれるようになった。都市部ではスペースが不足するため、市街地の店舗は住居施設と組みあわせられ、家主が住んだり貸し出したりするケースが多かった。19 世紀には様々な品を売るデパートメントストアも生まれた。

ストア Stoa

古代ギリシャの“ストア”は1〜2階の屋根つきコロネード（柱廊）の1種で、最古のショッピングセンターだった。市場の中に建てられることも多かった。奥の1枚壁にそって小さい店舗が並び、前方開口部のコロネードは日光をさえぎる日陰となって買い物客や散歩する人の遊歩場に使われた。

商業施設と住宅 Commercial and domestic

都市部ではスペースが不足したため、店舗と住居を同じ建物に組みこむこととなった。現在でも事情は変わらない。これは中世後期のフランスの建物。1階に店舗が入り、上階には複数階の住居がある。現代のアパートメントのようにいくつかの世帯が利用していたようだ。

商品取引所（マーケットハウス） Market house

中世になると貿易が盛んに行われ、港市など取引の中心部に商人が利用する施設が作られるようになった。中世後期、スペインはヴァレンシアに建てられたこのカサロンハ（取引所、マーケットハウス）は分厚い壁と物々しい格子入りの窓によって保管物が守られている。

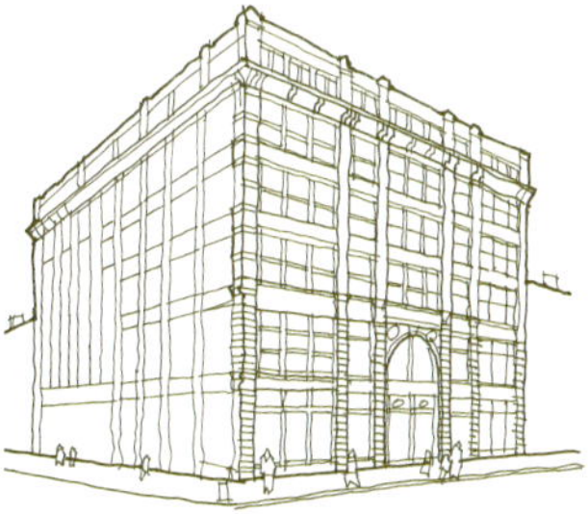

デパートメントストア Department store

ニューヨークのブルーミングデールズのようなデパートメントストアは19世紀に生まれ、以前は別々の店頭に並んでいた様々な商品が1ヶ所で買えるようになった。買い物客がつい入りたくなる目立つエントランス、街路に面した大きなディスプレイウィンドウによってすぐにデパートだとわかる。

商品保管所 Warehouse

オーストラリアはシドニーに19世紀に建てられたドルトンブラザーズの倉庫兼ショールームには、カートを入れるための大きな入り口があり、1階には人目を引かずにいられないウィンドウがはめこまれていた。この種の建物は商品を保管し取引を行う実務的な場だったのはもちろんのこと、最新の建築スタイルを取りいれたことでオーナーにとっては大きな宣伝効果があった。

イントロダクション *Introduction*

様式の基本

いつ建物が造られたか、そして時には用途を知る手がかりとなるのが様式だ。ここでは重要な様式をいくつか取りあげる。建築様式は時間とともに大きく変わるが、ほかの流行と同じく古い様式が復活することもある。建築様式には２つの重要な要素がある。装飾デティールそのものと、建築物のパーツすべての全体的な配置だ。ギリシャ神殿もゴシック様式の大聖堂もとがった切妻が用いられるが、切妻の外観や位置に加え、大聖堂のほうはトレーサリーやバットレスがあるなどその他のデティールによって神殿と大聖堂はすぐに見わけられる。

モチーフの再利用
Reuse of motifs

たいていの建築様式には古い様式の要素と新しいモチーフの両方が使われている。これはルネサンス様式に建てられたヴェネチアのスクオーラ・グランデ・ディ・サン・マルコ（1480年代-90年代頃）。柱に渡したエンタブレチュアの下に配置したアーチ、ペディメント、格間天井などローマ時代のモチーフを数多く用いつつ、新たな組みあわせになっている。

神殿形式と構造 Temple style and construction

古代ギリシャ神殿の形式で重要な特徴はペディメントと柱が並ぶポルティコで、どちらも装飾のみならず構造的な機能を持つ。この図のように、神殿の外縁に並ぶ柱が壁のない通路の上にかけられた天井を支え、ペディメントは中央のセラ構造と外側のポルティコの屋根を統合し目隠ししている。

ゴシック様式窓 Gothic window

これは14世紀に作られたフランスにあるシャルトル大聖堂の窓。尖頭アーチ、装飾的な切妻形、窓のトレーサリー(石の組子)、像を配したニッチとゴシック様式の主な要素がすべて含まれている。こういうデティールがわかると、建物の建築時期や目的をとらえやすい。

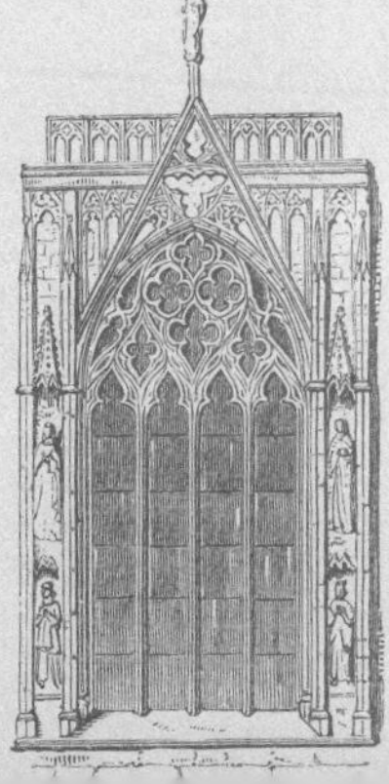

古代ローマのアーケード Roman arcade

この絵が示す柱に渡されたリンテル下のアーチは、紀元前1世紀に作られたローマのマルケルス劇場のもの。古代ローマ建築の重要な形式的特徴だ。古代ギリシャで用いられた、比較的弱いまぐさ式構造(柱にリンテルを渡しただけのもの)に強度を持たせるためにアーチを取りいれた手法に端を発する。

新古典様式のデティール Neoclassical detail

建築様式は特定の時代を思いおこさせるのに利用されるほか、富や階級などある種の特性の象徴としても用いられる。20世紀初めに作られたこの米国郊外の住宅の設計者は、新古典様式のデティールを取りいれて南部戦争前の米国南部独特の豪壮さを表現した。

古代ギリシャ様式 *Greek*

古代ギリシャ建築は基本的に柱と梁式(まぐさ式)の、丈夫な木材も利用した石組み構造で、今も残る建築物のほとんどが神殿だ。背の高い円柱がリンテルを支え、リンテルが建物の縦方向全体に渡された勾配屋根を支える形になっている。勾配屋根の両端にある三角の破風部分は念入りに装飾が施され、この様式の重要な特徴でもあった。またオーダーという厳格な決まりによって、柱の大きさと形・柱頭の装飾・柱頭上のエンタブレチュアのデザインなど建物の各部分の設計が定められていた。

初期コリント式 Early Corinthian Order
凝った装飾が特徴のコリント様式でも最古の例といえば、アテネはアクロポリスのふもとにあるリュシクラテスの記念碑(紀元前 335-334)だ。リュシクラテスの合唱団がコンクールで優勝しブロンズ製ボウルが与えられたが、その際に神への感謝の捧げものとして作られたボウル用の設置台である。

ドリス式 Doric Order

比較的シンプルな柱頭、縦溝彫りの柱、溝彫りされたトリグリフと交互に配されたメトープ（無地のものも彫刻を施したものもある）を持つドリス式の柱は、本土ギリシャの建築で際立つ特徴だ。後期ローマのドリス式とは違い、ギリシャのドリス式柱には柱礎がない。柱の中央部は優雅な印象を出すためわずかにふくらんでいる。

神殿平面図 Temple plan

古代ギリシャ神殿のデザインは、各部分の相対的な寸法の比率（プロポーション）を決める厳格な規則に基づいている。内部の至聖所を囲むのが外側のペリスタイル（コロネード）で、至聖所はプロナオス（入り口の間）、中央のセラ（ナオスの間）、後室のオピストドモスからなる。

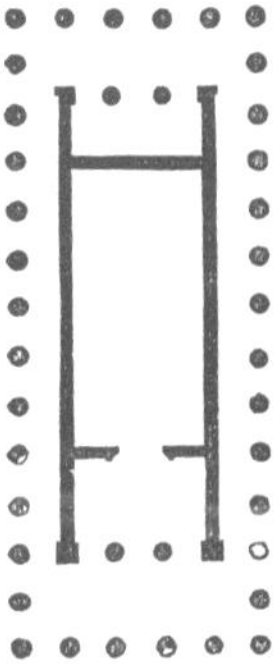

セ　ラ *Cella*

ギリシャ神殿の中心部にあるセラに入れるのは神官だけだった。そこには神または女神の像があり、人々が持ちよった捧げものが備えられていた。セラはコロネード式ポルティコに囲いこまれ、祭壇は最上段のスタイロベートに置かれるのが普通だった。

彩色装飾 Painted decoration

現在はギリシャ建築といえば無地の白い大理石というイメージがある。しかしもともとは派手な色あいで彩色されていたと思われる。これは一見装飾がなく無地のドリス式柱頭と柱が、実は幾何学模様と葉文様を施されていたのではないかという例図。

古代ローマ様式 *Roman*

古代ローマでは多くの重要な技術が考案された。アーチが持つ構造的な力量の利用、コンクリートの使用、ドームの発明などがその例だ。これらの革新的な技術によって、ギリシャのシンプルなまぐさ式建築方法よりもはるかに大きく複雑な建物が建造できるようになった。またアーチを取りいれることで装飾的な可能性も広がった。中でもきわめつきなのは柱とエンタブレチュアに囲まれたアーチだろう。壁と天井の両方の表面に施された装飾もさらに凝ったものになった。しかし後に古代ローマ建築の享楽ぶりは、批評家によってローマ帝国の退廃と衰退の象徴ととらえられることになる。

古代ローマの綿密な建築 Roman elaboration

古代ローマ建築、特に神殿(これは紀元前1世紀建造のフォルトゥナ・ヴィリリ神殿)はギリシャ建築と基本的に多くの点で似ている。目立つポルティコ、オーダーの採用(この図はイオニア式)、階段式の基壇などがその例。ただし全体的にギリシャ建築よりも装飾的で凝っている。

構造的アーチ Structural arch

このローマのコロセウムのように、エンタブレチュアの枠にはめこまれたアーチのモチーフは古代ローマの重要な造作だった。実際の荷重はアーチがになっているのだが、リンテルとそれを支える柱というまぐさ式構造を外見的に残すために生まれた。

コンクリート製ドーム Concrete dome

ローマにあるパンテオン(118-128 年頃)が持つ特徴的な半円形のドームと内部の凝った装飾は後の建築物に大きな影響を与えた。パンテオンは万神に捧げられた神殿で、巨大なコンクリート製ドームはルネサンス時代になるまで他の追随を許さなかった。7 世紀初期に教会に転用された。

後期ローマの複合宮殿 Late Roman palace complex

後期ローマのディオクレティアヌス皇帝はクロアチアのスプリトに神殿を融合させた巨大な宮殿を作った(300-306 年頃)。この図に描かれたエントランス部の中庭(後に建物が作られる)にはコリント式柱のアーケードがある。上方に重厚なコーニスがある点に注目。またアーチの周囲に枠がなくなっている点も見ていただきたい。

古代ローマの住宅 Roman domestic building

18 世紀にナポリ近郊の失われた都市ポンペイが発見され、新古典主義建築の発達に大きく貢献した。ローマの住宅やバシリカ、浴場などの建築物が、それまでに見つかっていた遺跡よりもはるかに完璧な保存状態で姿を現したからである。

初期キリスト教＆ビザンチン様式
Early Christian & Byzantine

コンスタンティヌス皇帝がキリスト教に改宗して数年後、326年にはキリスト教がローマ帝国の国教になった。ローマの建築形式がキリスト教下の環境にも受けつがれ、ローマで集会所として利用されていた側廊つきバシリカはキリスト教教会の共通のモデルとなった。建築的な装飾もキリスト教に取りいれられた。5世紀にローマ帝国が滅亡して以来、ヨーロッパではローマ建築の伝統はすっかり廃れてしまった。しかし東部のビザンチウムとその首都コンスタンチノープル（現トルコのイスタンブール）ではその後も受けつがれ続けた。

側廊バシリカ Aisled basilica
典型的な5廊式のバシリカには、クリアストリーから採光する天井の高い中央身廊と、天井の低い側廊が備わっている。コンスタンティヌス皇帝治世にローマに建造されたサン・パオロ・フォーリ・レ・ムーラ教会もその1例。ローマのバシリカで執政官席として使われていたアプスには祭壇が置かれ、信徒らは身廊に集った。

円蓋式バシリカ Domed basilica

中央ドームが導入されるとバシリカはさらに形を変えることとなった。またドームによって建物の中心部への採光もよくなった。コンスタンチノープル（イスタンブール）のハギアソフィア(532-37)はきわめて重要なドームつきバシリカの１つ。主ドームのほかにも小さめのドームがあり、十字型の平面構成となっている。

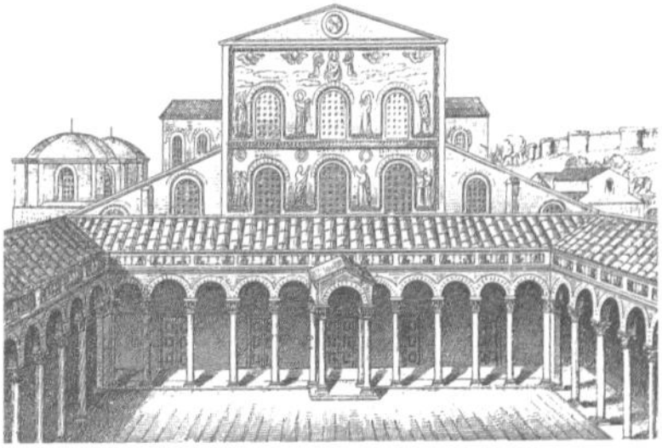

外部拝廊 Outer narthex

ポーチ部の拝廊は初期キリスト教の教会の重要な空間だった。洗礼を受けていない信者はミサそのものには参加できないため、典礼の後半部は拝廊に控えていた。ローマにあるサンピエトロ大聖堂の拝廊には大勢の信者が集まれる露天のアトリウム（中庭）もあった。

モザイク装飾 Mosaic decoration

ローマのサンタコンスタンツァのような初期キリスト教様式やビザンチン様式の教会はモザイクで豪華に装飾されているものがとても多かった。四角い小さな色ガラスと石を散りばめて絵を描くのである。特に背景には裏に金張りしたタイルも用いられ、キラキラと輝くこの世のものならぬ美しさを醸しだした。

キリスト教式柱頭 Christian capital

ビザンチン様式の柱頭はコリント式柱頭を受けついだものだが、簡素化・様式化されている。これはヴェネチアのサンマルコ聖堂の柱頭。様式化されているが、中央のキリスト教十字を取りまくアカンサスの葉が見て取れる。ただし鳥や獣、葉模様は純然たる幾何学模様になっているのが普通だった。

ロマネスク様式 *Romanesque*

ロマネスク建築は半円アーチと厚い壁、きわめて幾何学的な装飾が特徴。ロマネスク様式が発達したのは1000年頃からで、12世紀にゴシック様式にとってかわられるまでヨーロッパを席巻した。名称からも古代ローマ建築に由来することがうかがえるが、イングランドとフランスではノルマン様式としても知られていた。1066年のノルマン征服後、ノルマン人によってイングランドにもたらされたからである。現存する優れたロマネスク建築の多くはスペイン北部にあるサンティアゴ・デ・コンポステラの大聖堂への巡礼路ぞいに見られる。

後陣礼拝堂

Apsidal chapel

フランスはトゥールーズに建てられたサンセルナン大寺院(1080-90)。小さな後陣礼拝堂には主後陣と同じカーブが用いられ、さらに丸い塔にもそのラインが使われており、比較的シンプルな形が集まった構造にもかかわらず視覚的なインパクトを醸し出す。幾層にも重なる円頭の窓に加えて同様の形のブラインドアーケードも横に並び、水平方向のラインも印象づけている。

ロマネスク建築の立面

Romanesque elevation

典型的なロマネスク建築の立面。束《たば》ね柱の上に身廊アーケードの半円アーチがある。フランスはカンのホーリートリニティー教会もその一例。中央の柱型が柱間に縦方向のラインを描き出し、小さなトリフォリウムのブラインドアーケードが横方向のラインを印象づける。クリアストリー窓は像のないニッチ（壁龕）に左右を挟まれている。

様々な装飾 Ornamental variety

ヴァリエーション、中でも装飾に関する変化はロマネスク様式の際立った特徴だ。たとえばローマのサンパオロ教会の回廊では、対《つい》になった柱身の装飾が隣の柱身のペアと違っている。ペア同士の柱でも少し異なる場合すらある。柱頭にもヴァリエーションがある。

ブラインドアーケード Blind arcading

ロマネスク様式の装飾は一般的に力強く、繊細とはいえない。また幾何学的なモチーフとグロテスク風の動物や人間の像もよく使われる。このブラインドアーケード（1120 頃）のように、カンタベリー大聖堂に施されたロマネスク様式の装飾について、とある人が“たがねではなく斧で彫刻されている”と表現したほど。

ロマネスク様式のドア Romanesque door

ロマネスク様式の建築にはめこまれたドアには特に凝った装飾があふれんばかりに施され、外の俗世から中の神聖な世界へと変わる区切りを強調する役割を果たしていた。審判の日のキリストや聖人と罪人が登場する場面を使ったこの例のように、見た者の心に畏怖と強い信仰心をかきたてる目的もあった。

ゴシック様式 *Gothic*

12 世紀に尖頭アーチが生まれたことで新たな建築の可能性が大きく開かれ、ゴシック様式の発達につながった。先だつロマネスク様式の建築と比べてはるかにすらりと軽やかで、窓も大きい点に注目を。トレーサリー（窓内の石格子）はこの時代に発展し、リブヴォールトがスタンダードになった。中世後期になると石工の技術もさらに上がり、より複雑な新しい形が生みだされた。特にオジー（S 字）アーチを取りいれることで流れるような曲線のトレーサリーや装飾模様が作られ、比較的平らで勾配がゆるやかなアーチの建設も可能になった。

フランスの初期ゴシック建築

French early Gothic

これは 12 世紀フランスの典型的な初期ゴシック建築。フランスはシャルトル大聖堂の西側を向いたファサード。3 つの正面入り口（ウエストドア）が並び、その上には尖頭ランセット窓とばら窓があって、尖塔を備える高い塔が両側から挟んでいる。外側のフライングバットレスから内部のリブヴォールト構造がうかがえる。

優雅な周歩廊 Elegant ambulatory

ゴシック時代の石工は細かい金属細工のようにきわめて繊細な加工を施す腕を持っていた。13 世紀初期に作られたフランスはオセール大聖堂の周歩廊がその証拠である。壁は大変堅固だが、その重くるしさが、細長い柱身や大きな窓、ブラインドアーケードによってうまくカムフラージュされている。

華飾式 Decorated style

14 世紀の英国ゴシック建築は、表面に豊かな細工が施されているため華飾式と呼ばれることも多い。これはウエルズ大聖堂の 14 世紀初期に作られたチャプターハウス(参事会会議場)。中央の柱身は多くの小さな柱身からなり、リブは細かく分かれ、トレーサリーのパターンもきわめて複雑。

英国の垂直式 English Perpendicular

背の高いマリオン(中方立て)と水平のトランサム(無目)を採用することで窓の下部に鏡板をはめこんだような作りとなっている。これは垂直式といわれる英国の後期ゴシック様式の特徴。15 世紀に作られたこのハルの窓には尖頭アーチとオジーアーチが用いられ、トレーサリーに複雑に交差するパターンを描き出している。

ゴシック様式のマーケットクロス(市場十字)

Gothic market cross

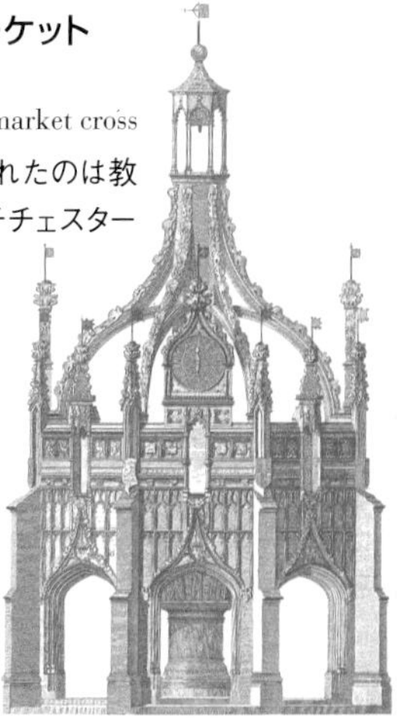

ゴシック様式が採用されたのは教会に限らない。これはチチェスターのマーケットクロス(1500 年頃)で、宗教とは無縁の建物にゴシック的なデティールが取りいれられている。この種の建物は市場の中心的な存在であり、雨風をしのぐ場所でもあった。チチェスターのマーケットクロスには 14 世紀に発明された時計もはめこまれている。

ルネサンス様式 *Renaissance*

15 世紀、イタリア建築は手のこんだゴシック様式をよしとせず、再びオーダー方式を採用し、ペディメントや水平の重厚なエンタブレチュア、平らな屋根、その他の古代ローマ風のモチーフを取りいれるなど古典様式にヒントを得たスタイルをとった。16 世紀と 17 世紀初期にはヨーロッパ中にルネサンス様式が広がることとなる。ただしイタリア以外では、非常に厳しく決められていたオーダーを気にすることもなく、古典主義的モチーフを用いて新たなスタイルを生みだしオリジナルのルネサンス様式を作り上げた。またヨーロッパ北部では凝った形の破風や帯模様も登場した。古代のデザインをベースにしたオーランティカ(古代風)モチーフも広く用いられた。オベリスクや壷、蔓葉模様、楽しげなプット(キューピッドなどの子供の像)もその例である。

ペディメントのある教会

Pedimented church

これはイタリアはマントヴァの聖アンドレア教会。古代ローマ神殿のデザインをベースに、ペディメントを支える大きな 4 本のピラスターを持つファサード。1470 年に着工された。主エントランス上にキリスト教的な彫刻を設置し、側廊に続くドアをつけることでローマ風のデザインを教会に転用している。

アーケードとエンタブレチュア

Arcade and entablature

1490 年代フィレンツエに建築されたサンタマリア・ノヴェッラ広場のアーケードのように、イタリアの初期ルネッサンスの建築はともかくシンプル。コリント式の柱の上に乗せられたシンプルな半円アーチには、装飾のラウンデルしかついていない。ほかに垂直材はなく、エンタブレチュアとその上の窓が描く力強い水平ラインが目立つ。

北部ルネサンス

Northern Renaissance

ヨーロッパ北部のルネサンス時代に活躍した建築家は既成概念に縛られることなく様々なモチーフを組みあわせて装飾効果を出した。これはオランダに建造されたライデン市庁舎(1596)。上にはいくつものオベリスクが乗せられ、パラペットが描く水平ラインを中断するかのようにペディメントが配置されている。また様々なタイプの柱とピラスターが自由に混在している。

左右対称のファサード Symmetrical facade

ルネサンス期には改めて左右対称性に重きが置かれた。ロバート・スマイスソンは 1580 年代にノッティンガムのウォラトンホールを設計し完璧に左右対称のエントランスファサードを作りだした。このファサードには窓が均等に配置され、背後の部屋の具体的な姿を隠している。外側に内部空間の存在が表現されていた中世の建築物とは対照的である。

オーランティカモチーフ

All'antica motifs

ルネサンス様式では、壷やグロテスク風の像、葉文様、貝殻、花瓶、カルトゥーシュなどのアンティークなモチーフをベースにした装飾デザインが広く用いられた。この種のモチーフに使われるデザインは印刷されて出まわった。ちなみに 15 世紀後半に印刷機が発明されて後、印刷物ははるかに簡単かつ安価に仕上げられるようになった。

バロック&ロココ様式 *Baroque & Rococo*

バロック様式は17世紀初期に発達、豪奢で凝ったディテールと空間が特色だ。建築家は古典主義的なモチーフをピックアップして組みあわせ、劇的な表現を生みだした。特徴的なのが大オーダーで、ブロークンペディメントのような新しいモチーフも登場した。バロック様式はとりわけ反宗教改革時代の大きなローマカトリック教会やヨーロッパの宮殿建築と結びつけられる。ロココ様式はパリで18世紀初期に発達した、もの柔らかでバロックよりも堅苦しくない様式だ。主に室内装飾に用いられ、スカロップシェル形やC形曲線、渦巻模様などを用いた軽やかで遊び心に満ちた装飾が特徴。

曲線を描くファサード

Curving facade

フランチェスコ・ボッロミーニはバロック建築でも屈指の建築家。彼が設計したローマのサン・カルロ・アッレ・クワットロ・フォンターネ聖堂(1665-67)では凸面と凹面を交互に配置し、中央が前に突き出したファサードを作りあげた。曲線を持つモチーフは、さらに楕円形のカルトゥーシュやオジー形のブロークンペディメント(一部が欠けたペディメント)からなる。

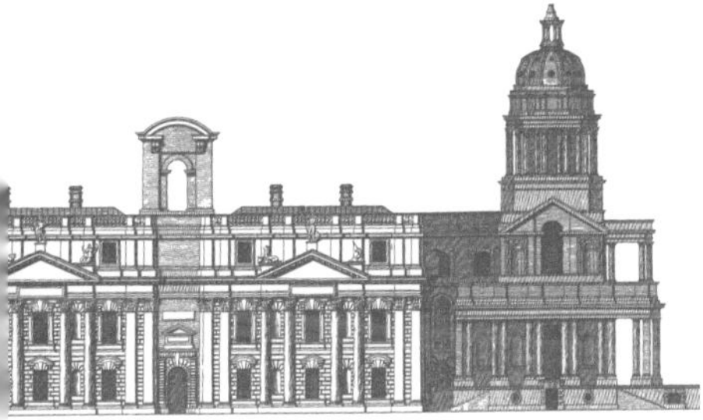

モニュメント的モチーフ Monumental motifs

バロック様式の重要なモチーフには、複数階を結びつけるピラスターを用いた大オーダー、ブロークンペディメント、窓上に配置された仰々しい要石などがある。ロンドンにあるグリニッジ病院(1695年頃)のデザインにはこれらのモチーフすべてがそろっている。壁面はさらに念入りにルスティカ仕上げになっている。これらのおかげで全体的には壮大でモニュメント的ながら変化のある印象。

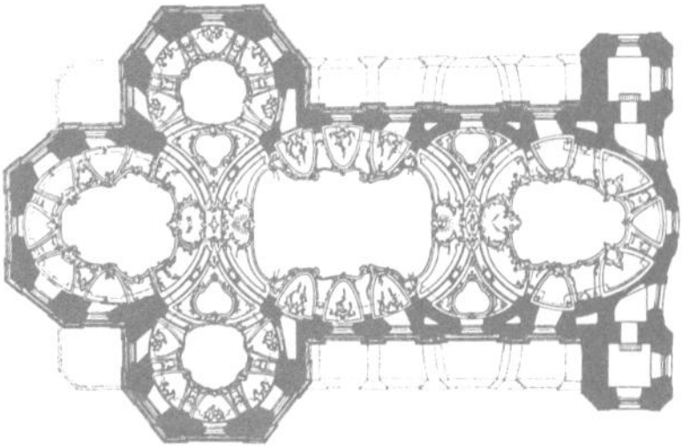

曲線を多用する平面構成 Curved plan forms

丸みを帯びた形が表現されるのは立面構成だけとは限らない。バロックおよびロココ時代の建築家は平面構成にも曲線をくどいほど多用した。たとえばJ・B・ノイマンが設計したドイツのフィアツェーンハイリゲン教会(1742-72)では楕円と円が重なりあっている。この形状がさらにヴォールトの曲線にも使われている。

曲線を描くペディメント Curved pediment

曲線を描くペディメントとブロークンペディメントはバロック様式のモチーフ独特のもの。建築家は古典主義的なペディメントを用いて装飾的な可能性を広げた。これはパリ風の例で、花模様のモールディングを持つコンソール(装飾用持ち送り)に支えられた、欠けた《ブロークン》底部を持つ弓形ペディメント。花飾りに囲まれた中央の女性の胸像が華やかさを添える。

ロココ様式の装飾 Rococo ornament

C形曲線はロココ装飾の代表的なモチーフ。渦巻模様やシェル形、花飾りと合わせて用いるのが普通だ。窓やドアなど建築的なパーツだけではなく、壁面や天井面などほかの部分にも装飾が施されるようになった。このフランスのパネルは広く使われた代表的なもの。

パラディオ様式 *Palladian*

16世紀イタリアで活躍した建築家、アンドレーア・パッラーディオ(1508-80)は後の建築、特に18世紀と19世紀初期の建築に多大な影響を及ぼした。彼の設計した建築物はペディメントつきの神殿風の表構え、左右対称の設計、そしていわゆるパラディオ(セルリオ)式窓が特徴。パッラーディオの作品は彼のデザインを紹介する書籍によって広く知られるところとなった。イングランドで初めてパラディオ様式を採用した建築家はイニゴ・ジョーンズ(1573-1652)だが、18世紀初期に流行させたのはアマチュア建築家のバーリントン卿である。パラディオ様式はイングランドと米国で人気だった。

ポルティコのある教会 Porticoed church

典型的なパラディオ様式では、ポルティコを持つ神殿風の表構えを中央に、左右から小さいパヴィリオンが挟むという構成になっている。これはロンドンはコヴェントガーデン地区に建つイニゴ・ジョーンズ設計のセントポール教会(1631)。ジョーンズの作品はイギリス大内乱のせいですぐには評判にならなかったが、18世紀初期になるとイングランドでもパラディオ様式が復活した。

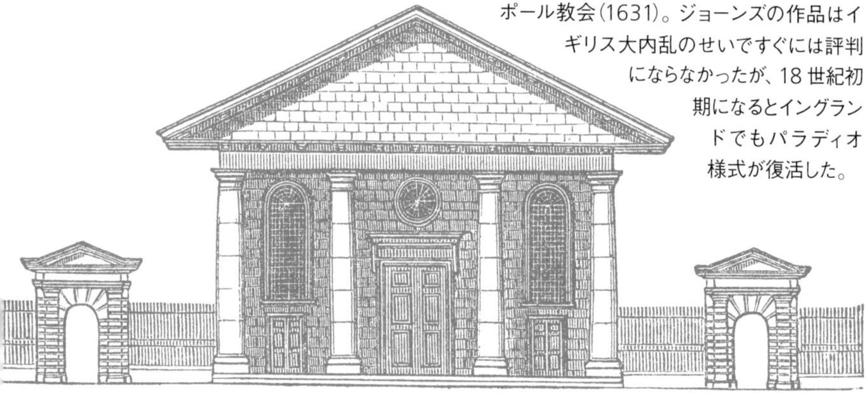

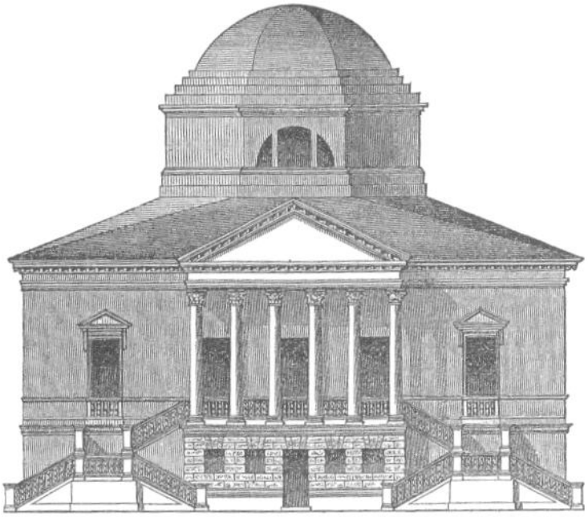

基壇に乗った神殿風ファサード

Temple facade atop a podium

バーリントン卿設計の、ロンドンにあるチズィックハウス(1725年着工)。基壇の上に乗っており、パラディオ様式の典型例といえる。パラディオ建築でも特に大きな影響をもたらした。玄関(図)には神殿風のファサードがあり、ドームには半円形のディオクレティアヌス窓がはめこまれている。複雑な階段がファサードにドラマ性と動感を添える。

ドーマー(屋根窓) Dormer window

植民地時代の米国ではパラディオ様式が大きな影響を及ぼした。これもその一例で、下見板でおおった屋根窓のエンタブレチュア部にパラディオ窓がある。窓は中央のアーチ形窓と左右に配された明かり取り窓という典型的な構成。ルスティカ仕上げの隅石とコーニスも石ではなく木材で作られている。

格間装飾のロトンダ Coffered rotunda

純粋なパラディオ建築のエクステリアはすっきりしたラインで、各部の比率や鍵となるディテールに重きが置かれている。しかし室内装飾は豊かな表情の古代ローマ様式だ。ロンドンのチズィックハウスのドームつき中央ロトンダには格間装飾が施され、パッラーディオが勧めたデザインに合う凝ったドアと窓、絵が取り囲んでいる。

神殿風玄関のロトンダ Temple-fronted rotunda

シャーロッツヴィルにある、トマス・ジェファーソン創立のヴァージニア大学も典型的なパラディオ建築だ。中央の神殿風玄関にはコリント式柱が建ち、後陣部分の平面構成は左右対称の楕円形となっている。

中央のロトンダを印象づけるのがドーム。ただし上下2列に並ぶ窓によって近代の建物であることがすぐにわかる。

新古典様式 *Neoclassical*

18世紀の啓蒙運動が起こると過去を科学的に検証しようという新たな動きが強まり、古代ギリシャとローマの滅亡についてくわしい研究が始まった。古代の作品を細かく描写したエングレーヴィング書が手に入りやすくなり、アンティークモデルをベースにした古典主義、特にギリシャ様式の復活へとつながった。ギリシャ復興様式の新古典主義的な建築は特にフランスと米国で人気を博し、米国では連邦様式と呼ばれることも多かった。神聖ローマ帝国の建築や、そこから派生したバロックとロココ様式などが持つ退廃的な雰囲気とくどいほどの凝りように対し、近代的な共和主義にふさわしいシンプルさで新しい風を吹きこむように思えたのである。

ナショナル様式

National style

ギリシャ復興は19世紀初期の米国で特に主力となった様式だった。これは米国の国会議事堂も手がけたトーマス・ウォルター設計のフィラデルフィアにあるジラートカレッジ(1833-48)で、神殿風の仕上げ。コリント式のポルティコがセラのような内部の建物全体を包んでおり、窓があるもののポルティコのせいで中は暗い。

折衷的な造作 Combination features

パリのコメディ・フランセーズ劇場(1787-90)ではギリシャ、ローマ、ルネサンス様式の要素が融合しあい、シンプルで優雅な建物に仕上がっている。突き出したポルティコには、新古典主義初期の一般的な特徴であるペディメントがない。ファサードと開口部はルスティカ仕上げで、ポルティコの上にはディオクレティアヌス窓もある。

新古典主義の暖炉 Neoclassical fireplace

古代の作品から取ったモチーフは、エクステリアのみならずインテリアでも重要視された。この暖炉には卵鏃《らんぞく》飾りの帯模様、グリークキー(曲折)文様、布をかぶった女性の古典的な頭像、花綱、中央の壷が組みこまれている。おそらく彫刻として通用していた紋様と、新たに発見された遺跡がもとになっていると思われる。

ポルティコの融合 Unifying portico

これはジョン・ナッシュが設計し 1812-22 年にかけてロンドンに建造されたパーククレセント。家々とその柱廊が長々と連なっている。円柱が並ぶ長大なポルティコが全体をまとめ、その"総計"はそれぞれのパーツをただ足し算した合計よりもはるかに重厚で見事。遠目には1軒の宮殿のように見える。

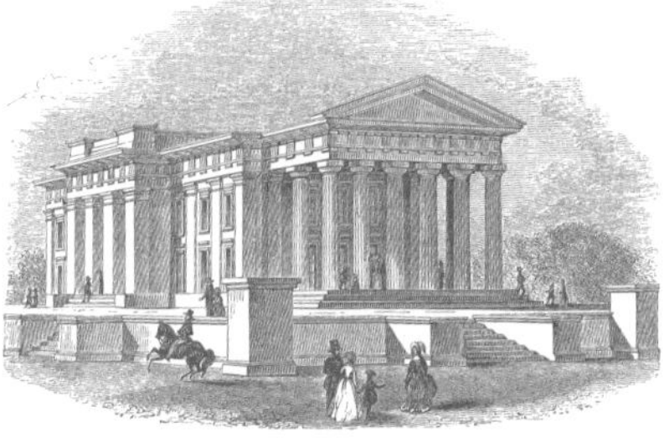

ギリシャ復興様式の家 Greek Revival house

ギリシャ復興様式は住まいにもよく用いられた。ペディメントやポルティコなどの要となるディテールを加えるのが容易だったためだ。この家の場合、正面にはドリス式の6柱式ポルティコが、脇にはピラスターがついているが、サッシ窓から明らかに19世紀の建築物だとわかる。

ゴシック復興様式 *Gothic Revival*

ゴシック様式の復活は18世紀後半に始まった。当初はトレーサリーなどゴシック様式のモチーフを取りいれただけだったが、すぐにゴシック建築を全体的にまねる風潮が広まった。特に教会ではこの傾向が顕著だった。19世紀のイングランドではゴシック復興様式を用いた住宅も流行した。ゴシック復興はピクチャレスクというさらに大きい運動の一部で、造園もピクチャレスクの対象だった。ピクチャレスクの特徴としては、きわめてドラマティックな表情を作りだす不規則性と多様性があげられる。ここからゴシック復興建築もわざと不規則に仕上げるのが身上で、ドラマ性が醸し出され、まるで建物が自然にできたような印象を与える。

疑似ゴシック Sham Gothic
中世の修道院そっくりに作られたウィルトシャー州のフォントヒル僧院という邸宅は、初期のゴシック復興様式の重要な建築物だった。しかし細部は中世に用いられた石材ではなく主にしっくいと木材で作られていた。当然ながら巨大な塔は建築後まもなく倒壊してしまった。

ゴシック復興様式の住宅 Gothic Revival house

ゴシック復興様式は住宅にも広く使われた。これは19世紀に建築された一例。尖ったアーチ、クレネレーション（狭間）、不規則な形の煙突、トレーサリー窓、小塔などはいかにもゴシック復興様式らしいディテール。このディテールはほとんどが後期ゴシック時代にならったものだが、初期ゴシック時代のディテールも人気があった。

愛国の誇り National pride

イングランドでは、愛国心の表現として重要視されたのがゴシック復興様式だった。中世後期の信仰の篤さと市民の徳性を具体的な形にしようと試みたわけである。したがってロンドンの王立裁判所（図）や国会議事堂など、イングランドで19世紀に作られた主な市営建築物の多くがゴシック復興様式を採用した。

ゴシック復興様式の教会 Gothic Revival church

ゴシック復興様式は19世紀の教会にとっても重要な様式であり、中世時代に篤かったといわれる信仰心を復活させる試みと結びつけられるようになった。ニューヨークのグレース教会などゴシック復興様式の教会は中世の形状をそっくりにまねているが、その大きさと精巧な作りから後世のものであることがすぐにわかる。

都会の建築物 Urban adaptation

ロンドンはマーガレット街の諸聖人教会（1849-59）は、都会の狭苦しく条件もよくないスペースにゴシック復興様式のディテールを取りいれて建てられた建築物。塔はほかの建物の陰にならないよう抜きんでて高く作られ、ディテールは都会の公害と汚れにも耐えられるようレンガとタイルで仕上げられた。

19 世紀後半 *Late 19th Century*

19 世紀後半の建築はヴィクトリア女王(在位 1837-1901)にちなんでヴィクトリア朝様式と呼ばれることが多い。当時の建築家が時代に合ったアイディアや様々なタイプの建築物にふさわしい様式を模索したため、古典やロマネスク、ゴシック、ルネサンス様式のモチーフが入り混ざった折衷的な復興様式が特徴だ。例としては、古典的装飾(ボーザール)様式——古代ギリシャとローマ、ルネサンス、バロック様式のモチーフを融合させた豪壮なスタイルで大規模な公共建築物によく採用された——と、住まいのような小さめの建物に好んで使われたアン女王朝様式がある。そして世紀末に近づくにしたがってアールヌーヴォーなどそれまでにない様式も現れ始める。

古典的装飾様式

Beaux-Arts style

古典的装飾(ボーザール)様式はパリのエコール・デ・ボザール学校にちなんで名づけられた。古代ギリシャやローマ、ルネサンス、バロック時代の要素を組みあわせた、折衷的で、多くの場合雄大なスタイルが特徴だ。1874年にオープンしたパリ・オペラ座はペディメント、柱、ドーム、石像をつめこんだ典型的な古典的装飾様式。

折衷様式 Eclectic style

1871-72 年に建造されたグラスゴーのエジプシャンホールズは重厚なコーニスを持つルネサンス様式風の鉄製ファサードを備え、各階にアーケードがついていた。柱頭と柱は折衷式で、先端はエジプト風のパルメット文様が施され、次がコリント様式、そしてブラケット柱頭があり、1 階にはとても簡素で大きなディスプレイウィンドウがはめこまれている。

ムーア様式 Moorish style

スペインとアフリカ北部のモデルに影響を受けて生まれたのがムーア様式。ハンガリーはブダペストに、1854-59 年にかけて建造されたドハーニ街シナゴーグ（グレートシナゴーグ）もムーア様式で、帯模様のついた石造に葱花《そうか》ドームの小塔、格子窓を備えている。当時はゴシック復興様式で教会を造るのが流行だったが、ムーア様式を採用したことでひと味違ったシナゴーグに仕上がっている。

アン女王朝様式 Queen Anne style

アン女王朝様式の特徴は、非対称性、小さなガラス窓、装飾的な破風、そして半分を木材で作り、凝ったレンガとタイルの細工で仕上げた仕様だ。これは 1875 年にリチャード・ノーマン・ショウが設計したロンドンのラウザーハウス。米国で派生した様式としては、スティック様式やシングル様式、イーストレイク様式がある。

アールヌーヴォー Art Nouveau

植物を思わせる曲線を多用したフォルムを用いるアールヌーヴォー（“新しい芸術”の意）は古いモデルへの依存を断ち切り、まったく新しいスタイルを作りだした。これはベルギーはブリュッセルにあるタッセル邸の階段室。1893-94 年にかけてヴィクトール・オルタが設計・建築したもので、初期アールヌーヴォー様式の好例。

モダニズム *Modernism*

20世紀になると建築家やデザイナーは過去の様式をベースにせず、その時代ならではの新たな芸術や建築スタイルを模索するようになった。世界第一次大戦後、機械にヒントを得たアールデコ様式が発達する。幾何学的なオーナメントや、プラスティックはもちろんクロームのような華やぎを添える金属部品などの近代的な材料を用いるのが特徴だ。1920年代後半には、ル・コルビュジェなどの建築家やドイツのバウハウス学校などの作品に、簡素でほとんど装飾もない国際様式（インターナショナルモダニズム）が顔を現し始める。第二次大戦後はオフィスや公共住宅といった大規模な建築計画にモダニズム様式が広く使われた。

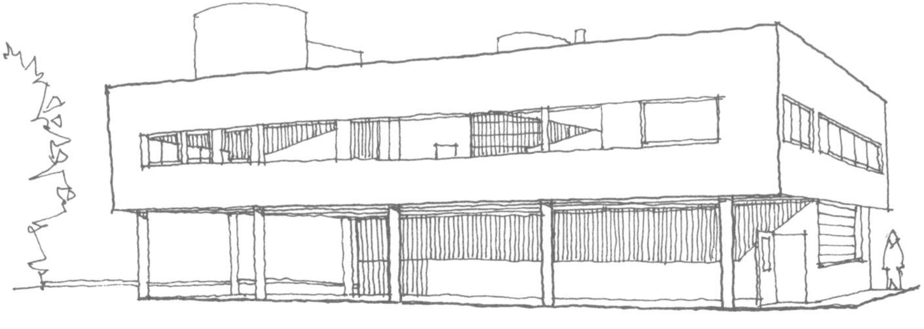

モダニズムの住宅 Modernist house

パリ近郊に建つサヴォア邸は建築家ル・コルビュジェ（1887-1965、本名シャルル＝エドゥアール・ジャンヌレ）が設計したもので、モダニズム初期の建築物として大きな影響を与えた。装飾のないすっきりしたライン、平らな屋根、大きな横長の窓のようなスリット（リボンウィンドウ）、家をささえる支柱、オープンプランの内部、純白の外観はまさに“住むための機械”の言葉にふさわしい。

アールデコ様式 Art Deco style

アールデコ様式は20世紀初頭に人気を博したスタイル。ニューヨークに立つクライスラービルディング（1928年着工）上部の様式化された幾何学的な形状とすっきりしたラインは、アールデコ様式の持ち味そのもの。アーチ形は古典様式をモデルにしたものだが、新たな形で解釈が加えられている。

モダニズムのオフィス Modernist office

ミース・ファン・デル・ローエとフィリップ・ジョンソン設計のニューヨークに立つシーグラムビル（1958年落成）はモダニズムの典型例。まったく装飾がなく――透明なガラス壁を通して見える構造材が唯一の装飾だ――大勢の人々が働くオフィスとしての機能を体現している。

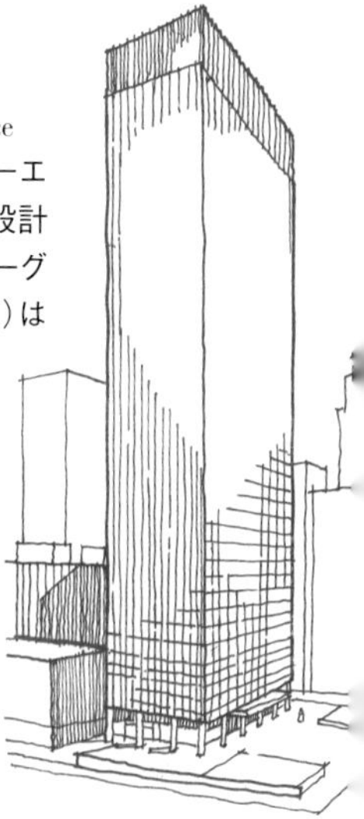

ポストモダニズムのデティール Postmodernist detail

オフィスビルがいただく巨大なブロークンペディメントは、ポストモダニズムが生みだしたデティールの典型例。過去に例を引いてはいるがまるで冗談のような扱いでもあり、昔の建築物をそのまま模倣しているわけではない。ポストモダニズムで一般的なデティールといえば、ほかには巨大な柱、コーニスと破風、鮮やかな彩色などがある。

郊外の住宅 Suburban house

モダニズム様式で大規模なビルが作られるようになっても、一般住宅のレベルではあまり影響がなかったようだ。これは1940年代の住宅で、18世紀のパラディオ様式と新古典主義をもとにしたスタイル。

MATERIALS
建　材

イントロダクション *Introduction*

建築材料に使われる資材は、建物の外観を大きく左右する。まずどの建材を使うかで建造物の種類が絞りこまれるし、どんなスタイルになるかを決める重要な要素でもある。たとえばコンクリートの基礎や鉄骨の構造材がなければ超高層ビルは作れない。この章では石・木・ガラス・鋼など主な建材を取りあげ、それらが使用・開発されることで建築の歴史にどのような影響をもたらしたかを見ていく。さらに、それぞれの建材が装飾材として持つ可能性にも触れる。建材の使用法次第で建築物のとらえかたにも大きな違いが出てくるからだ。

デティールの違い

Different detailing

違う建材を使うだけで建物がまったく異なる印象になることもある。たとえばこれは17世紀中期に米国はマサチューセッツ州に建てられた住宅だが、2階が張り出しになっている。同時期のヨーロッパにも同様の構造が多いが、横に渡した木製の下見板のせいで、ヨーロッパでポピュラーだったむき出しの木骨造りの家とはまるで違って見える。

石の利点 The advantages of stone

高いヴォールト天井、フライングバットレス、大きなステンドグラス窓をそなえたゴシック様式の大聖堂（このケルンの大聖堂もその一例）の建築が可能になったのは、石が持つ構造材としての可能性について理解が進んだおかげ。ゴシック時代の建築家は、大きな開口部をうまく作るために強化が必要なキーポイントをきちんと押さえていた。

装飾的な構造 Decorative structure

建材にもともと備わっている特性がほかにない装飾効果を生むこともある。これは16世紀にボヴェに作られたフランス式住宅。構造的な安定に必要なレベルをはるかに超えた複雑な枠組みが施され、塗りこまれた淡色のしっくいを背景に黒色の木材が描き出すパターンの装飾性が最大限に追求されている。

離れの温室 Detached conservatory

18〜19世紀に新たな製造技術、特に構造材としての金属やガラスの加工技術が発達し、総ガラス張りの建物が作れるようになった。ハンプシャー州オールトンにあるこの温室もその一例。冬のあいだも繊細な植物が元気に育つように人工的な暖房が施されていたと思われる。

スポリア *Spolia*

経済的な理由から、または建物に過去の時代との結びつきを持たせるための象徴として建材を再利用することもある。コリント様式の柱を再利用したこの教会のように、古代ローマから失敬した材料すなわちスポリアは特に珍重された。初期キリスト教の精神と帝国の繁栄を連想させたためだ。

石材 *Stone*

石は最も古くから広く用いられた壁材の1つで、特に宗教的な建物や大きな公共建築物に取りいれられた。一番切削しやすいのは石灰岩や大理石のたぐいだが、砂岩や御影石、トゥファなど軽量の火山岩も使われた。積み上げやすくするためと隙間を埋めるために、ブロックのあいだには石灰岩またはセメントと水をこねたモルタルというゆるいペーストを広げる。石材同士がうまくフィットすればモルタルを使わなくても石積みは可能だが、“空《から》積み”技法によって作った壁は完全な防水ではないので、屋外の塀に限られるのが普通。

巨石積み Cyclopean masonry
巨石式の石工事はギリシャ神話に登場する怪力の巨人、キュークロープスにちなんでキュークロープス式とも呼ばれる。これは巨石を注意深く削り、モルタルを使わずに積み上げる方法。ミュケーナイの獅子の門(紀元前1300年頃)など古代ギリシャのごく初期に作られた建築物には、こういう巨大な石のブロックが用いられた。おそらく小さいブロックでは崩れてしまうと思ったのだろう。

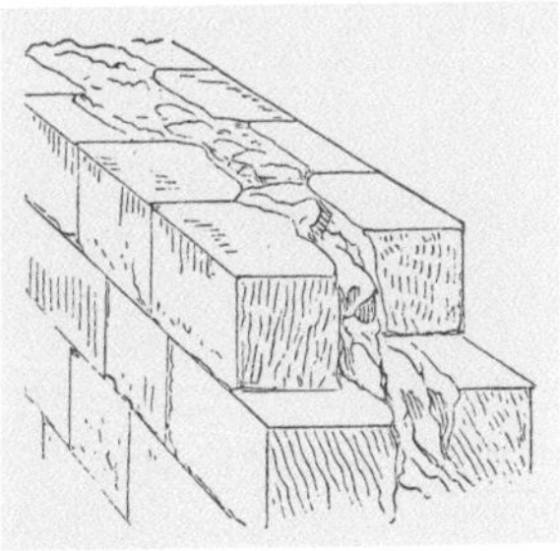

切石積み Ashlar

切石積みとは、きれいに削った長方形の石ブロックを規則正しく並べる工事法のこと。切石積みはセメントか、モルタルを結着剤にした細かい割栗《わりぐり》石の芯を使うことが多かった。こうすると壁の安定性が格段に増し、ブロックを切削するコストが節約できる。

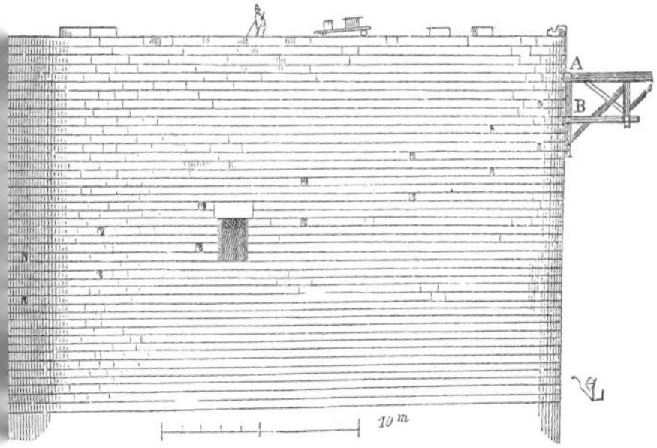

腕　木 Putlogs

中世の石積み工事は腕木穴という方法を用い、建物自体から突き出した足場をより所にして行われた。ブロックの間に四角い隙間を腕木穴として残しておき、そこに短い水平材を差しこむのである。穴はふさがれないこともあり、現在も残っているものを見かける。

ルスティカ仕上げ Rustication

ルスティカ仕上げは石ブロックの削りかたの１種で、ブロック１つひとつが盛り上がっているように仕上げることで壁面に立体感が出る。イタリアはヴィチェンツァにあるティエーネ宮殿（図）のように壁面全体をルスティカ仕上げにすることもあるし、下の階や隅部、開口部などのデティールにだけ用いる場合もある。

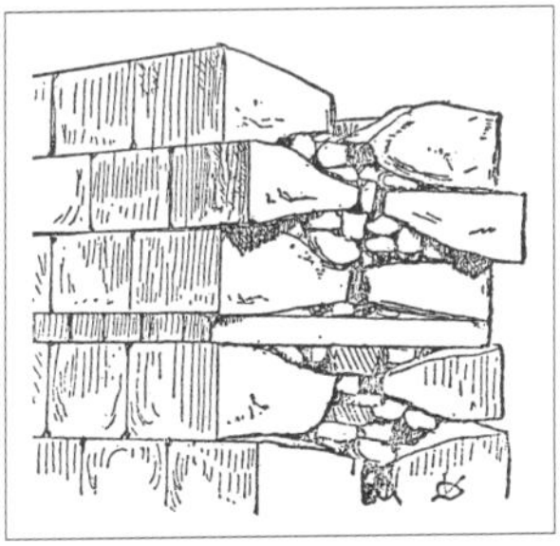

粗石積みの壁 Rubble walling

小さい、または大きさのそろわない石を使って石壁を作ることも可能だ。この種の壁作りは粗石積みといわれ、大きさの異なるブロックを高さをそろえて水平に並べる方法も、もっとランダムにジグソーパズルのようなパターンに積む方法もある。強度を確保するために壁には大きめの“貫通”石を入れることも多い。

レンガ *Brick*

暑く乾燥した地域では、それこそはるか昔から泥を乾かした建造用ブロックが使われていた。しかし泥製ブロックを焼いて風雨にも耐えるレンガを作るようになったのは意外に遅く紀元前 3000 年頃である。レンガはローマ帝国全土で用いられていたが、その後ヨーロッパ北部ではレンガに関する技術が失われ、中世後期になるまでそのままだった。バルト海沿岸の低地帯と英国の一部では、高価で最新の素材として後期ゴシック建築の顔となる。製造技術が進歩することでコストがぐっと下がり、18 ～ 19 世紀の英国では建築の主材料となった。

古代ローマのレンガ

Roman brick

古代ローマ時代のレンガは現在よりも長く細いのですぐにそれとわかる。イタリアの建築は大体が総レンガ造りだが、ローマ帝国北部では地元の石材と組みあわせて装飾的な帯模様を描くことが多かった。これはその一例で、フランスはリルボンヌの劇場にあるアーチ。

レンガと石材のデティール

Brick with stone detailing

北海やバルト海沿岸部など木材が手に入りにくい地域でも、手のこんだ建築物にはレンガが広く使われた。ポーランドはグダニスクに建てられた武器庫（1602-05）もその例。彫刻を施すデティールはレンガを使えないので石材仕上げになっており、淡色の石材と濃色のレンガのコントラストが魅力的。

成形レンガ Shaped brick

中世後期のレンガ工場では、組みあわせると複雑な模様と形ができる意匠を凝らしたレンガを製造していた。これはグロスターシャー州にあるソーンベリーカースルの煙突（1514 年頃）。当時、成形レンガはアーチやドア、窓にも使われていた。

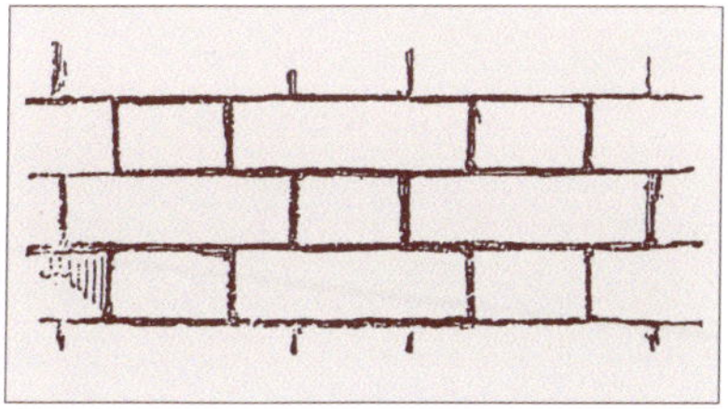

組　積 Bonds

レンガの長い側面（長手）と短い面（小口）を交互に積むと壁の強度が増し、“組積”というパターンができる。図のようなフランス積みは列ごとに小口と長手を交互に並べる。イギリス積みは小口だけの列と長手だけの列を交互に積む。アメリカ積みは長手積みを数段積むごとに小口積みを１列はさむ。

多色使いのレンガ模様 Polychrome brick patterns

レンガの色は主に材料となる粘土によって決まるが、焼成温度からも影響を受ける。製造過程が工業化されたおかげで予想外の色むらは大きく減ったが、中世との近世初期の職人は色むらを逆手にとって活用し、この鳩小屋の斜めに連なる菱形模様のように多色使いで装飾的な効果を出した。

石細工による装飾 *Decorative Masonry*

建築家や職人は構造上の目的から、または趣のある装飾効果を出すために様々な建材を組みあわせて工夫をこらしてきた。石細工には様々な色と質感があり、たがいにあいまって独特の味を生みだしている。石は別の素材、特にレンガと合わせることも多い。構造的に弱い部分を補強し、質感と色あいにしゃれたコントラスト効果を醸しだすためだ。多色石積みは時代を問わず大変広く行われた。色の違う似た素材を組みあわせるだけと手順が簡単だったからである。ただし、異なる素材を使って質感でコントラストを出し、すばらしい効果を出す方法もあった。

多色石積み Polychrome masonry
イタリアはパヴィアにあるこのサンピエトロ教会のように、様々な色あいの石を合わせても装飾効果を出せる。図はアーチとスパンドレル（三角小間）部分で、淡色と濃色のブロックを交互に並べることで際立つ表情に。多色石積みは特にイタリアに多いが、ほかの国でも見られる。

レゼーヌ Lesenes

ノーサンプトンシャー州はアールズバートンにあるノルマン以前(アングロサクソン時代)に建築された塔には、長短のストリップ(帯状突起)を組みあわせたレゼーヌという装飾的な模様がつけられている。これは装飾を目的とする木骨造を模したものだと思われ、かつてはストリップのあいだにしっくいを塗りこめて、石壁の粗面をかくすとともに意匠的な効果を高めていたらしい。

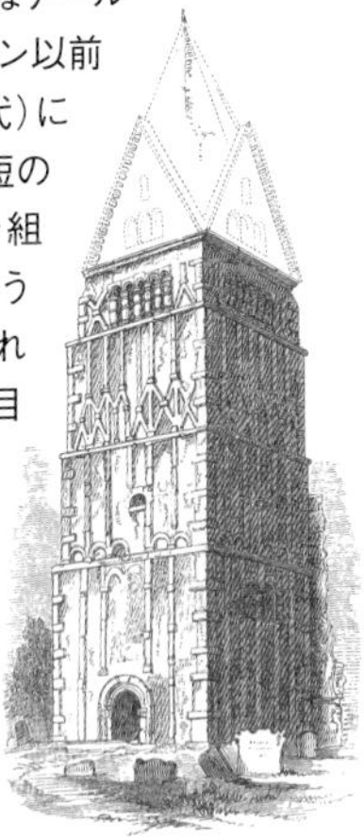

コスマーティ模様 Cosmati work

コスマーティは 12 〜 13 世紀の古代ローマに住んでいた職人一族の名。大理石やガラス、金つけ、モザイクを駆使した複雑な象眼細工によって豪華で美しい効果を出す技術が得意だった。ローマにあるこのラテラノの聖ヨハネ大聖堂のように、コスマーティ模様は床や聖堂のほか柱にまで使われた。

フリントフラッシュワーク Flint flushwork

フリント(燧石)を割ると黒くて艶のある面が得られる。中世後期、フリント以外の石材がほとんど採掘できないイーストアングリア地方では、高価な白い石灰岩で作ったトレーサリー模様やモチーフのあいだに割ったフリントをはめこみ、ツートンカラー効果を出していた。これはフリントフラッシュワークと呼ばれる。

隅　石 Stone quoins

レンガ積み構造の隅角部や窓の周囲は隅石(石のブロック)で装飾することも多い。隅石には装飾のほかに隅角部を補強する効果もある。石造りの壁の場合も、ブロックが小さいか形が不規則な隅角部の補強として補助的に用いられる。

木材 *Wood*

英国やフランス北部、ドイツ、スカンジナヴィア、北米のほか、森林が茂る地域で住宅用の建材に一番よく使われたのが木材だった。木材は今も各地で人気が高い。昔ながらの木骨造は精密なほぞ接ぎと木釘によって固定するが、19世紀初期からは金属釘も広く使われるようになった。現在の骨組式建築物は外側を木製の仕上げ材、屋内をしっくいなどでカバーしてフレームを隠してしまうが、昔は骨組みをむきだしにしておく場合が多かった。最近になって木を使う伝統的な工法、特に木骨をそのまま見せる工法への関心がふたたび高まっている。

装飾的な骨組み

Decorative framing

場所が違えば骨組みのタイプも違ってくるため、その違いから建物が立つ地域を知ることができる。1590年頃まで歴史をさかのぼれるチェシャー州のモアトンオールドホールには、目の詰まった模様を描く特徴的な装飾フレームが見られる。これはイングランド北西部独特のもの。

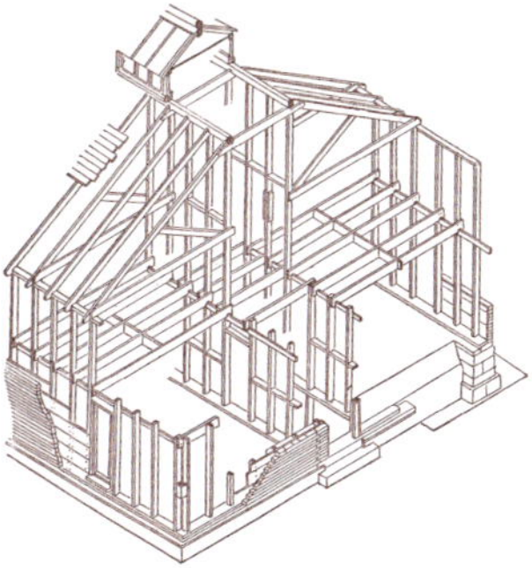

構　造 Construction

木骨造は垂直に建てた間柱が水平材（軒桁）を支え、補強として斜めの筋かいを入れるため堅牢な構造になる。図の現代的な枠組み工法の住宅には中世よりもはるかに小さい木材しか使われていないが、原理は変わらない。ちなみに外側は水平に渡した木製の外装材でおおわれている。

ハーフティンバー Half-timbering

これは中世時代にヨークに作られた家で、1階は石造り、上の階は木骨造になっている。この家のような様式をハーフティンバーともいう。また骨組みをむきだしにして木材のあいだを壁土やレンガで埋める方法もハーフティンバーと呼ばれる。

張り出し Jetty

伝統的な木骨造の建物の上階は、片持ち梁を使って下の階よりも突き出した張り出し構造にすることが多かった。張り出しにすると1階が建つスペースを節約でき、ファッショナブルな印象を与えた。市街地の洗練された邸宅では、持ち主の豊かさをひけらかすようにさらに張り出し構造を重ねるケースもよく見られた。

ほぞ接ぎ Mortise-and-tenon joint

ほぞ接ぎとは、2つの木材を直角に接合する伝統的な工法。ほぞをほぞ穴に差しこんで釘で固定する。空のほぞ穴とそこにうがたれた釘穴は、何らかの形で建物に手が加えられた証拠。

鉄と鋼 *Iron & Steel*

建材として大々的に金属が使われはじめたのは最近のことで、鋳鉄製の柱が開発された18世紀後半である。鋳鉄や錬鉄のどちらも駅やミュージアム、公共建築物など大スパンの屋根や床に使われたが、耐荷重性はあまりなかったため石壁が必要で、全体の高さにも制限があった。このころ建築家は鋳鉄をデティールに使い、鉄の使い道を装飾にも広げはじめる。その後技術開発が急速に進み、19世紀後半には構造用鋼が開発されて自立する鉄骨構造が導入され、天を突くような高層建築も可能になった。

鋳鉄製の屋根

Cast-iron roof

木材と違い鉄は丈夫で、たわんだり曲がったりしない。鋳鉄のおかげで大スパンの屋根も作れるようになった。1851-52年にかけて建造されたロンドンのキングズクロス駅もその例。中柱をなくすのが重要なポイントだった。列車が脱線して柱にぶつかったら屋根まで崩れてしまうからだ。

むき出しの鉄骨 Exposed iron framing

1870-71 年にフランスはノワゼルに建てられたムニエチョコレート工場。複数階を持つ鉄骨建築物としてごく初期に作られたもので、斜めに渡す筋かいが用いられた。構造が似ている木骨造のように筋かいのあいだはレンガで埋められていたが、この場合レンガは構造的に重要ではない。

倉庫のファサード Warehouse facade

19 世紀、鋳鉄のファサードが大流行し特に工場と倉庫に広く使われた。これはニューヨークにある倉庫だが、鋳鉄が人気となった理由が歴然。鋳鉄は形を作るのが簡単なうえに耐火性が高く、大きな窓を仕立てることができ、複雑かつ繊細な装飾効果も出せる。

建材のミックス Mixed materials

これは 1865-77 年にかけてイタリアはミラノに建てられたヴィットーリオ・エマヌエーレ II・ショッピングアーケード。石材およびガラスと組みあわせ、鉄の構造的・装飾的な可能性をうまく引き出している。店と上階のファサードは作りこまれたデティールで、総ガラス張りの屋根を飾る鉄細工のトレーサリーがさらに花を添える。

初期の高層建築 Early skyscraper

総鉄骨構造を持つごく初期の建築物の 1 つに、1894 - 96 年に建てられたニューヨークのアメリカンシュレティ・ビルディングがある。メイン州産の御影石で作られた外壁はカーテンウォールで、ビルを支える役目は担っていない。当時は 23 階建てで、近くの建物に悪影響を与えないよう直接地盤を掘削するのではなく徐々に沈設する画期的なケーソン基礎工法で作られていた。

コンクリート *Concrete*

コンクリートは石灰モルタル・水・砂・小石または石の小片が材料で、火山灰を加えることもある。これを木枠に流しこんで固まるのを待つわけだ。簡単に作れて安価、丈夫で耐水性があるうえに事実上どんな形にでも成型できる。古代ローマ人がドームや複数階の建築物を造れたのはコンクリートのおかげだし、ほとんどの近代建築はコンクリートが要となっている。鉄骨または棒鋼で補強した鉄筋コンクリートが開発されたのは19世紀半ばで、コンクリートの耐圧力性と金属の引っ張り強さが組みあわせられている。

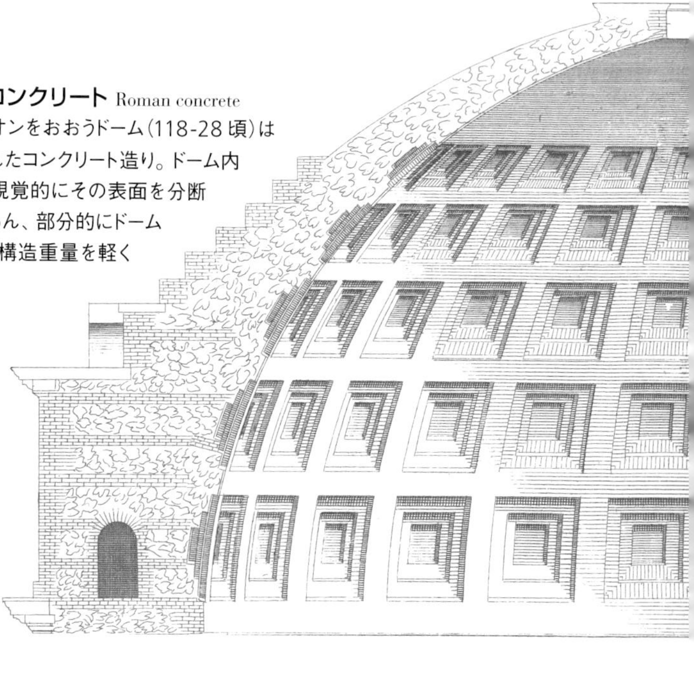

古代ローマのコンクリート Roman concrete

ローマのパンテオンをおおうドーム(118-28頃)はレンガで補強されたコンクリート造り。ドーム内部の格間には、視覚的にその表面を分断する効果はもちろん、部分的にドームを薄くすることで構造重量を軽くする効用もある。

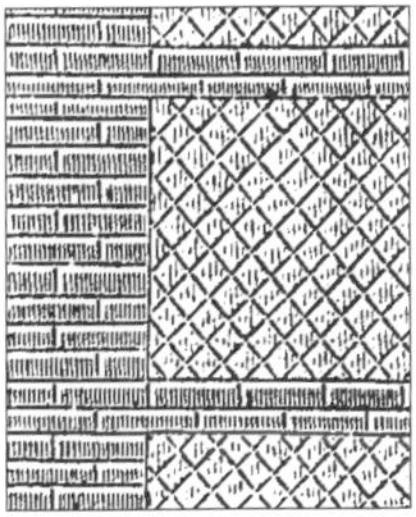

オプスレティクラトゥム *Opus reticulatum*

コンクリートはほかの素材でおおうことも多い。古代ローマではオプスレティクラトゥムというシステムを使い、スタッコ塗りや大理石張りなどの仕上げに適した下地を作った。これは四角いタイルか石材を斜めの網目状にコンクリートに埋めこんでいく工法。レンガを直線的に配することもあった。

ポルトランドセメント Portland cement

型に入れて成型できるコンクリートは、19 世紀半ばからペディメントやパラペット、バラスター（手すり子）などの建築デティールに用いられ始めた。通常は成型後にペイントを施す。絵はロンドンにあるリフォームクラブ。このデティールは石材を彫って作ってあるが、ほかの建築物では多くがコンクリートにペイントにして石材を模していた。

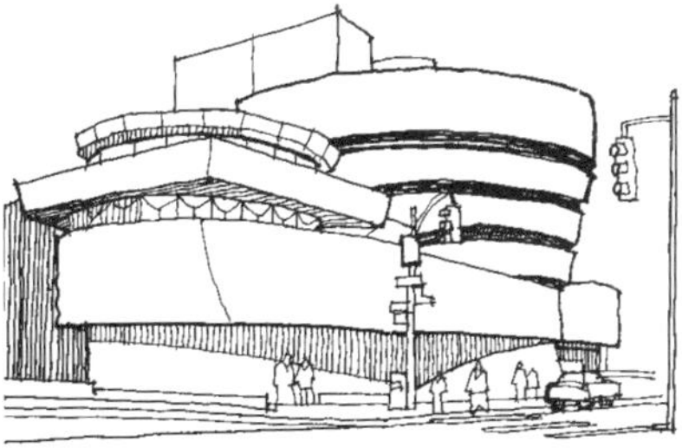

斬新な形 New shapes

コンクリートの大きなメリットの 1 つが、きわめて複雑な形に成型できること。フランク・ロイド・ライトが設計し、1959 年にニューヨークに建てられたグッゲンハイム美術館は、コンクリートを利用して非直線的なデザインに仕上げられたごく初期の作品だ。オウムガイの殻をもとに、内部も外も曲線構造になっている。

打ち放しコンクリート Exposed concrete

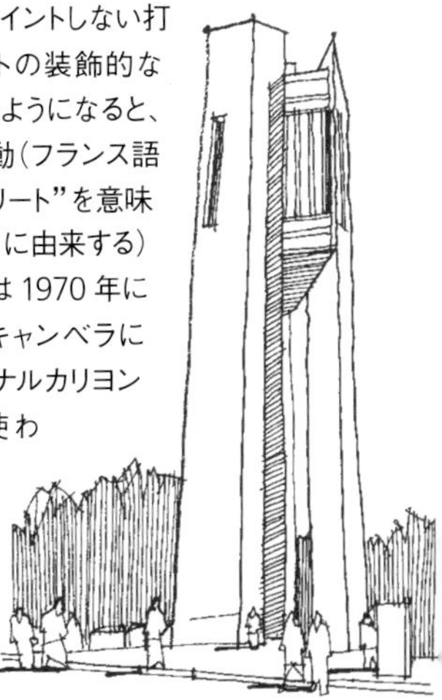

20 世紀になり、ペイントしない打ち放しコンクリートの装飾的な使い道を模索するようになると、ブルータリズム運動（フランス語で“未加工コンクリート”を意味する béton brut に由来する）が生まれた。これは 1970 年にオーストラリアのキャンベラに建造されたナショナルカリヨン（鐘塔）。ここに使われた純白のコンクリートのように、カラーコンクリートは装飾的な目的にも利用できる。

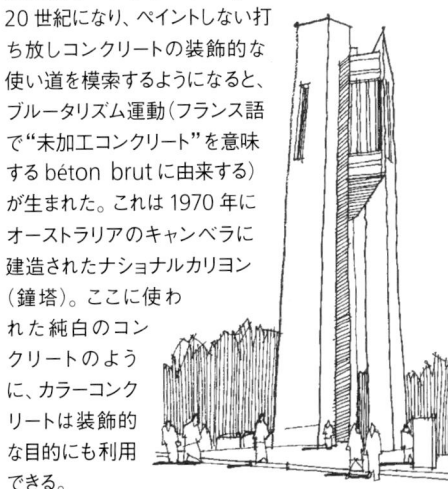

ガラス *Glass*

ガラスは主にこわれにくい建材構造に組みこんだ状態で窓やドア、屋根に使われる。初期のガラスはすこぶる高価で大きなものを作るのが難しかったため、ガラス板１枚のサイズは小さかった。古代ローマ時代にはガラス窓が使われていたが、中世にさしかかる頃にはほとんど姿を消してしまった。しかし18世紀末～19世紀初期にガラス製造技術が進歩し、窓ガラスにかけられる厳しい税金が廃止されると19世紀中期から大きな窓が増えはじめる。またはめこみ式のカーテンウォールなど建築技術がさらに発達したことで、20世紀後半には総ガラス張りのビルが建造できるようになった。

カーテンウォール Curtain wall
現在はやりの総ガラス張りビルが建築可能となったのはカーテンウォール技術のおかげだ。ビル自体を支えるのは鉄骨と鉄筋コンクリートの骨組みで、外壁はこの骨組みにはめこまれるため荷重はかからない。ドイツはデッサウに立つバウハウス（1925-26）は初期の例。

モザイク Mosaic

古代ローマでは、テッセラという四角く小さな色ガラスタイルをたくさん使って床や壁に絵を描く技法が編みだされた。金箔で裏ばりをしてさらに豪華にすることもあった。この技法は初期キリスト教時代とビザンチン時代にさらに発展し、図のようなイタリアはラヴェンナにある写実的な絵も作られた。

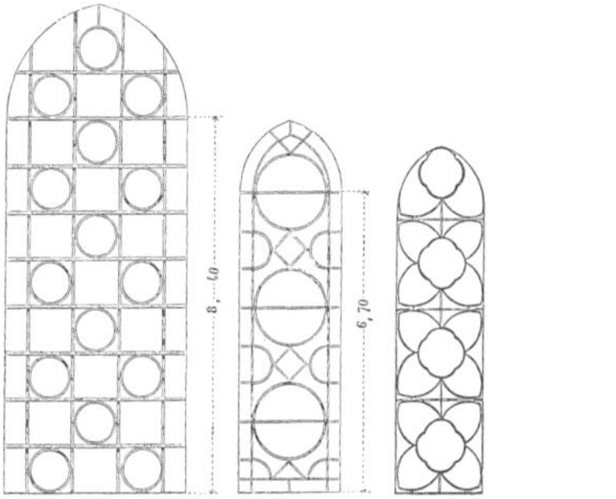

ステンドグラス枠 Stained-glass armature

中世時代のステンドグラス窓は、様々な色のガラス片１枚１枚を数多く組みあわせて作られた。ケイムという鉛の桟にはめこみ、さらに鉄製のアーマチュア枠でガラスを支える。アーマチュア自体が窓のデザインの一部であることも多い。

小さいガラス窓 Small-paned window

中世後期と近代初期には、鉛桟で接いだ小さなガラス窓が使われていた。これは大きな板ガラスが作れなかったためだ。ノッティンガム近郊にあるウラトンホールのように、16 世紀、高価きわまりないガラス窓を無数にはめこんだ家は持ち主――ウィロビー家の富を誇示するものだった。

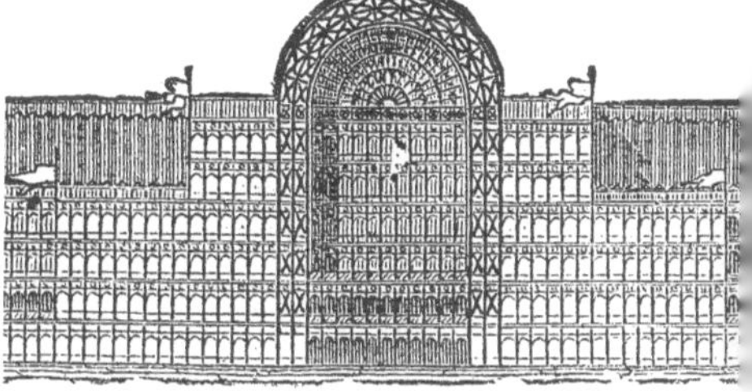

円筒形のガラス Cylinder glass

1851 年にロンドンで大博覧会が開催された。このときに建てられた巨大な水晶宮には、工場で作られ鋳鉄製フレームにはめこまれた円筒形のガラスが 84 平方メートル以上も使われていた。水晶宮のおかげで個人宅に小さい温室をつける造りも流行する。水晶宮は 1854 年にロンドン南部に移築されたが、1936 年になって焼失してしまった。

屋根ふき材 *Roofing*

屋根ふき材には風雨に耐える丈夫な素材が求められる。長期に渡って建物を維持するためには屋内を濡らさないようにすることがキーポイントだからだ。とはいえ、この条件にあてはまる屋根ふき材はたくさんある。木製タイル（こけら板）・陶製タイル・石製タイルのほか、草葺き（サッチ）などの自然素材、鉛や波形鉄板などの金属材、アスファルトなどの近代的な各種素材だ。どの素材を選ぶかはその土地の気候による。素材が違えば装飾上の外観も違ってくるし、屋根を変えると建物の見た目も大きく変わったりする。

インブレックスとテグラ *Imbrex* and *tegula*

古代ギリシャとローマの屋根ふきタイルは２つの部分からなる。縁が立った平らな瓦（テグラ）と、つなぎ目の上にかぶせる丸い瓦（インブレックス）だ。平らなテグラはローマ時代後によく壁材として再利用された。石材と組みあわせられることも多かった。

草葺き Thatch

草葺き(サッチ)は葦や麦わらをきつく縛りあわせて分厚く重ねる屋根ふき法で、驚くほどの耐久性がある。次に屋根をふき直す必要が生じるまで数十年ほどもち、多くの地方で昔から使われている。草葺きは大変分厚く重ねるのが普通で、ドーマー(屋根窓)の形に合わせることもできるし、装飾的なパターンに配することもできる。

パンタイル Pantiles

オレンジ色のテラコッタ製が一番ポピュラーで特徴的な曲線を描くパンタイルは、ヨーロッパ全域でよく使われた屋根ふき材だった。パンタイルでふくと独特の波形の畝ができ、鮮やかな色あいはすぐに目についた。

鉛細工 Leadwork

ゴシック時代に使われるようになった鉛の屋根ふき材は建築物のデザインに大きな影響を与えた。それまでよりもはるかに平らな屋根が作れるようになったのである。排水のために急斜面にしなければいけない瓦や草葺きと違い、鉛は継ぎ目がないため平らな面にもふくことができた。

波状金属板 Corrugated metal

波状の金属板は扱いやすく安価な屋根ふき材だ。ただし見た目は美しくない。農舎や仮設建築物に広く使われ、防水効果を高めるためタール紙や屋根ぶきフェルトの上に敷くのが普通。

外装材 *Exterior Covering*

内部構造がむき出しの建物もあるが、ほとんどの場合は見えないようになっている。構造材を隠すと建物の外観はまったく違うものになる。外壁材に使われる素材は実に様々。中でも一般的なのはしっくいに似たスタッコ仕上げ（レンダーともいわれる）で模様をつけたり木材で装飾を施したりする。木製の外壁材で一番よく利用されるのはクラッディングともいわれる横板張りの下見板や雨押さえ板だが、こけら板（シングル）を使うことも多い。木を模したUPVC（硬質塩化ビニール樹脂）に加えて本物の石材やイミテーションの石材など、外装材にはほかにも数多くの素材がある。

雨押さえ板

Weatherboarding

雨押さえ板（ウエザーボード）は特徴的な横板張りですぐにそれとわかる。図のようにペイントすることもあるし、白木のまま風雨にさらして味のある灰色に変化させる場合もある。素材はヒマラヤ杉や松、オークなどの板が一般的。最近ではアルミニウムや合成ビニール製のクラッディングも使われる。

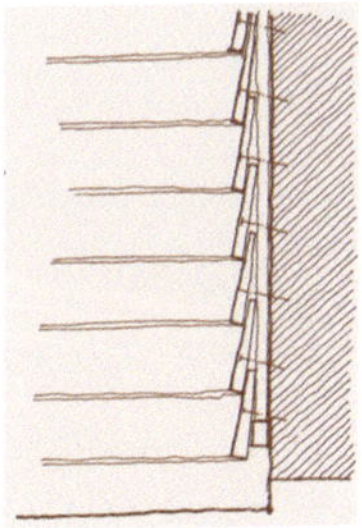

下見板 Clapboard

木製クラッディングには主に下見板（クラップボード）と雨押さえ板（ウエザーボード）の2種類ある。この図は下見板で、部分的に重ねられるように先を薄く割るのが昔ながらの方法だ。本当の雨押さえ板は板を均等な厚さにノコギリ引きして作る。ただしこの2つは同様に使われることも多い。

フィッシュスケールシングル Fishscale shingle

シングル（こけら板）は木製の小さなタイルまたは平板で、屋根ふきのほかに壁材としても使われる。下見板と同じく両端の厚さが違う。通常は長方形だが、このスウェーデンの鱗形のシングルのようにほかの形もある。

パーゲッティング（化粧塗り） Pargeting

16～17世紀、木骨作りの建物はスタッコ（レンダー）仕上げにすることが多く、そこにパーゲッティングという装飾的な模様で化粧を施す場合もあった。図はオックスフォードにある家の例で、帯模様とブドウの蔓が描かれている。このほかにも紋章や幾何学模様、形象的な場面などが描かれた。

石製クラッディング Stone cladding

これは1930年代に米国に建てられた住まい。1階は石製クラッディング仕上げになっている。レンガ壁に薄い石板（石を模した別の材料が使われることもある）を張っているが、側面に露出したレンガから実際の仕様がうかがえる。上階はシンプルな木製の板張り。

内壁材 *Interior Wall Covering*

壁の内側は何らかの形でカバーを施されているのが普通だ。壁を保護し、装飾をする下地を作るためである。一番シンプルな内壁材はプレーンなしっくい塗りだが、模様をつけたり何らかの場面を描く化粧仕上げにすることも可能だ。タペストリーや壁紙でおおう、または浮き彫り細工を施す場合もある。木の羽目板も内装材としてはポピュラーだ。とても丈夫で様々な模様や装飾的なモールディングをつけられるからだ。内壁表面の仕上げは時代によって大きく異なるので、時代特定にはうってつけの手がかりとなる。ここでは主なタイプをいくつか紹介する。

リネンフォールドのパネル

Linenfold paneling

15世紀後半と16世紀、リネンフォールドのパネル――上質の布を折りたたんだように見える木彫り――が内壁の羽目板やドアによく使われた。この種の羽目板はゴシック様式が大流行した19世紀にも復活している。

壁　画 Wall painting

18世紀には壁紙が張られるようになるが、そのはるか昔から壁を模様で飾る仕様には高い人気があったようだ。ロマネスク時代やゴシック時代には壁面に直接何らかの場面や模様が描かれていた。ヨーロッパ北部では乾いたしっくいに、イタリアではフレスコ（湿ったしっくい）にペイントするのが普通だった。

技法のミックス Mixed media

彩色と彫刻を組みあわせると豪華で凝った装飾スキームが生まれる上、タイプの違う絵姿を分ける効果もある。16世紀にローマに建てられたバロック様式のジェズー教会では、“高潔”を象徴する彫刻像をフレスコ画の脇に配置し、聖人たちの起こした奇跡を描き出している。

フィールディッドパネル（浮出し羽目） Fielded paneling

これは18世紀初期に作られた階段室で、フィールディッドパネルがはめられている。表面を見ると盛り上がったモールディングが平らなパネルを囲み、いくつかの部分、つまり“フィールド”に分けているためこの名がついた。設計者は壁を上部と下部に仕切ってうまくバランス感と調和感を出している。

くまなく施された装飾 Overall decoration

これは17世紀の様式を模して19世紀に作られたベルギーの内装。ニッチ、大理石風の仕上げ、フレーム付パネル（おそらく絵つけ用）、凝ったしっくい細工のコーニス、入念に作られたマントルピースなど壁の装飾は大変手がこんでいる。天井も余すところなく装飾が施されている。

天井 *Ceiling*

天井は屋根の梁の下側、複数階ある建物では床梁《ゆかばり》の下側のカバーと定義できる。天井用の建材は金属など様々なものがあるが、一番よく使われるのが木材としっくいだ。何らかの場面や図案を描く、またはしっくいか彫刻した木材のモールディングをあしらって模様をつけることもある。壁と天井の継ぎ目は成型プラスターや彫刻した木製のコーニスで隠すことがほとんどだ。

彩色木製天井

Painted wooden ceiling

中世の大聖堂がすべてヴォールトを備えているわけではない。ピーターバラ大聖堂の身廊にかかる木製天井は13世紀のもので、星座などの図案が描かれている。最近になってクリーニングと修復がなされた。かつては非常に一般的だった天井の仕様として今も残る数少ない例。

床梁の露出 Exposed beam

中世に作られた小さめの家では、装飾的な天井として床梁の下側をそのままあらわにするケースが多かった。この梁には石材の梁と同じく丹念に彫刻が施されたりした。図の天井には綱とビレットのモールディングと突起装飾がつけられている。様式化された葉をつけた突起装飾はさらに彩色して表情豊かにした凝った作り。

格　間 Coffering

格間は四角いへこみがくり返し並ぶ格子模様で、初めて登場したのが古代ローマ時代、さらにルネサンス時代にも再流行した。特に天井やヴォールト、ドームの内装によく使われる。格子の枠と内部の両方を装飾するのが普通で、非常に豪華な表情が出る。

プラスター製コーニス Plaster cornice

18～19世紀のインテリアで重要なパーツだったのが凝った作りのプラスター製コーニス。これには壁と天井の継ぎ目を隠す役割もあった。図は19世紀後半の例で、モディリオンや凹型パネルのほか、葉模様の帯、玉縁飾り、パルメット模様のアンテミオンなど新古典主義のモチーフを使っている。

ローゼット Ceiling rose

19世紀に建てられた家には、必ずといってよいほど天井の縁と中央に装飾的なプラスター細工がほどこされている。特に照明器具はローゼットという装飾的なプラスター製メダリオンから下げるのが普通だった。ほとんどのローゼットは円形だが、図のような複雑な形のものもあった。

床材 *Flooring*

建物の基本的な部分は床なのに、ほかの仕様を見ようと歩きまわるうちについ見逃してしまいがちなもの。最も基本な形としては地面を突き固めてあればよいわけで、土間は驚くほど乾燥して踏み心地もよい。木材やタイル、板石などの素材は耐久性にも優れ、装飾的な模様やデザインの床に仕立てられる。また上階にも適している。床材には特定の時代や様式と結びつけられるものもある。モザイクもその１つで、古代ローマと初期キリスト教様式の特徴だ。

モザイク Mosaic
古代ローマと初期キリスト教時代、凝った情景や絵を描いたモザイク床がとても好まれた。図は初期キリスト教様式の教会で、複雑な幾何学および花模様のモザイク床が連なっている。上部と祭壇周辺の壁も人物を描いたモザイク画でおおわれている。

土　間 Earthen

これは中世に作られた大ホールで、食事・睡眠・調理用と多目的に使われた部屋。床は突き固めた土間だったと思われる。イグサに香りのよいハーブを混ぜて上に敷き、柔らかな踏み心地にしていた。草は数年に１度取りかえられた。

中世のタイル

Medieval tiling

中世の教会や豪邸では、床材にタイルがよく使われた。幾何学模様と人物・動物像の両方がポピュラーで、図のように互いにかみあう模様を描くようなタイルを作ることが多かった。彩りをよくし、複雑なデザインにするために様々な色の釉薬が用いられた。

スカリオラ *Scagliola*

スカリオラはプラスターと顔料、糊料かにかわを混ぜて作る色のついたペースト状の材料。磨くと大理石のような艶が出る。17～18世紀に大流行し、壁を大理石風に仕立てるほか、図のような床の模様を描くのに利用された。これはスコットランドの新古典主義の建築家、ロバート・アダムによるデザイン。

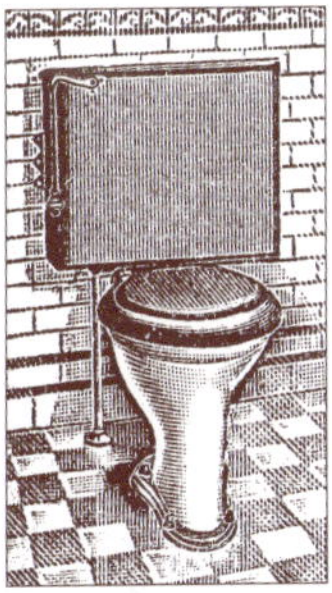

バスルームのタイル仕上げ Bathroom tiling

屋内に配管設備を作って頻繁に入浴するのが習慣になったのは19世紀になってからだ。この頃細菌が発見されて衛生が重視されるようになり、バスルームやキッチン用に掃除しやすいタイルが求められるようになった。図は床にも壁にも小さなモザイクタイルが張られ、隅々まで水洗いできるバスルーム。

イントロダクション *Introduction*

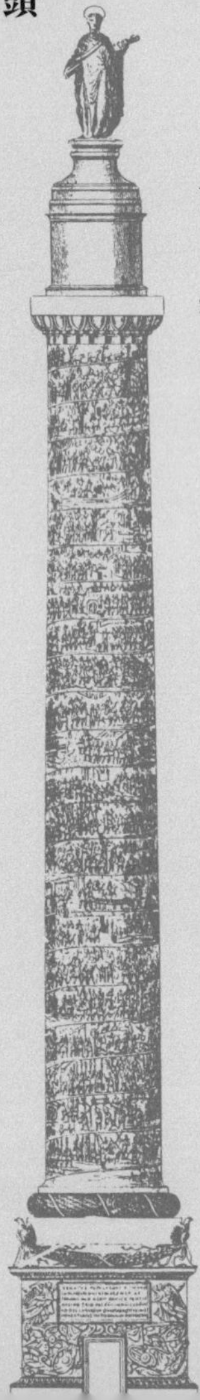

直立する建材を柱という。列状に並べて水平のリンテルを支える(コロネード)、またはアーチと組みあわせて立てる(アーケード)などの仕様が一番一般的だが、像の土台として単独で使われる場合もある。多くは円形だが、四角または多角形のものもある。床と柱のあいだには柱礎を挟むのが普通で、上の壁と柱のあいだには柱頭を入れる。柱礎と柱頭はいずれも荷重を受ける範囲を広げる効果があるため、柱の安定性が増す。垂直のラインと水平のラインが視覚的に移り変わるポイントでもある。

記念柱 Commemorative column

古代ローマでは、偉人や英雄行為を記念する碑として独立した柱を立てた。ローマにあるトラヤヌスの円柱(112年頃)はローマ皇帝がダキアに勝利したことを記念するもの。記念柱は新古典主義時代に再び登場する。ロンドンのネルソン記念碑やパリのバスティーユ広場にある7月塔もその例。

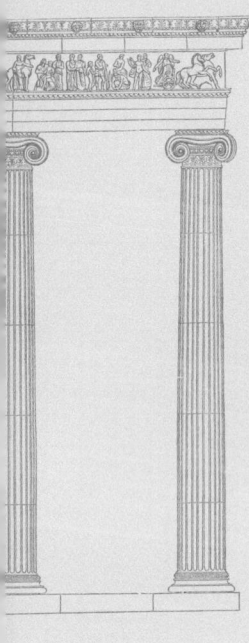

柱のドラム
Column drums

柱は1本の長い石材からなるように見えるものだが、実際はほとんどがいくつかの大きな部品、つまりドラムから構成されている。1個の石材でできている柱は“モノリス”と呼ばれ、フランス語の“アン・デリ”はゴシック建築によくある小さなモノリスにも使われる。

ピラスター Pilaster

ピラスター(柱形)は壁に作られた背の高い平らな突起部で柱頭と柱礎を備えており、柱のように見えるが、構造的な役割はない。レバノンはバールベックにあるバッカス神殿(2世紀)ではエンタブレチュアと合わせて使われているが、アーチと組みあわせることもある。

コーベル Corbel

壁に固定され、下に柱がない柱頭をコーベルという。ロマネスク時代とゴシック時代のコーベルは屋根やヴォールト、アーチ、像の支えに用いられていた。これはメルローズ修道院のスコットランド風コーベル。ヴォールトを受けるリスポンド(対応柱)の一部である小さいコロネットを支える。

ヴォリュート Volute

柱頭の上隅にある突きでた渦巻飾りをヴォリュートといい、柱がその上の壁に移行する部分をうまくおさめる効果がある。ヴォリュートは渦巻の葉模様を彫刻したものが多いが、様式化したフォルム(グロテスク風の頭像も含む)もある。図のルネサンス様式の柱頭もその例。

古典様式 *Classical Orders*

古代ギリシャとローマ時代、柱のデザインと各部の比率（プロポーション）はオーダーという規則にしたがって決められていた。主要なオーダーは5種類ある。ドリス式、トスカナ式、イオニア式、コリント式、コンポジット式だ。オーダーはルネサンス時代に再び見いだされ、レオン・バッティスタ・アルベルティが1452年に論文『De re aedificatoria（建築論）』で体系化している。これはルネサンス時代の観念的な著作として重要なものの1つだ。どのオーダーにも特徴があり、一定のタイプの建築物に合うとされる。たとえば比較的プレーンなドリス式は力強さと結びつけられ、コリント式は美しさで秀でるといわれる。

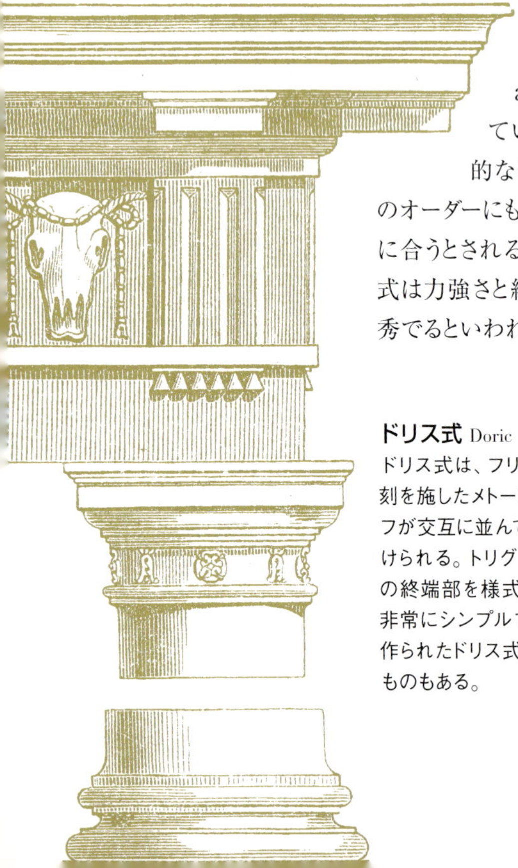

ドリス式 Doric

ドリス式は、フリーズに無地または彫刻を施したメトープと溝つきのトリグリフが交互に並んでいるのですぐに見わけられる。トリグリフは木材屋根の梁の終端部を様式化したもの。柱頭は非常にシンプルで、ギリシャで初期に作られたドリス式の柱には柱礎がないものもある。

トスカナ式 Tuscan

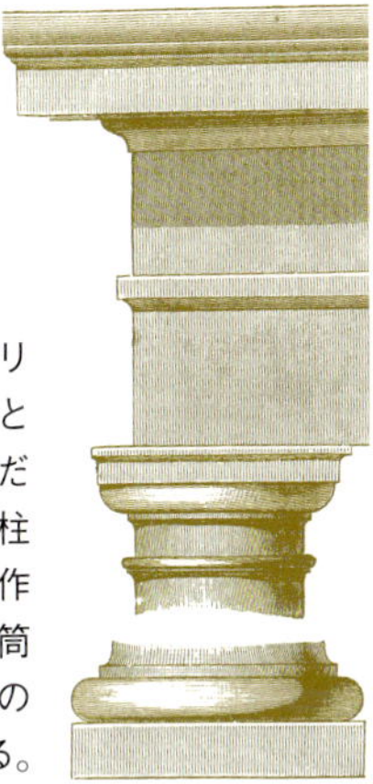

トスカナ式は主にイタリアに見られ、ドリス式と似た部分もある。ただしフリーズは無地で柱頭がもう少し複雑な作りになっており、半円筒形をしたアストラガルのモールディングがある。ルネサンス時代によく使われ、トスカナ式の大規模なものはギガント式と呼ばれる。

イオニア式 Ionic

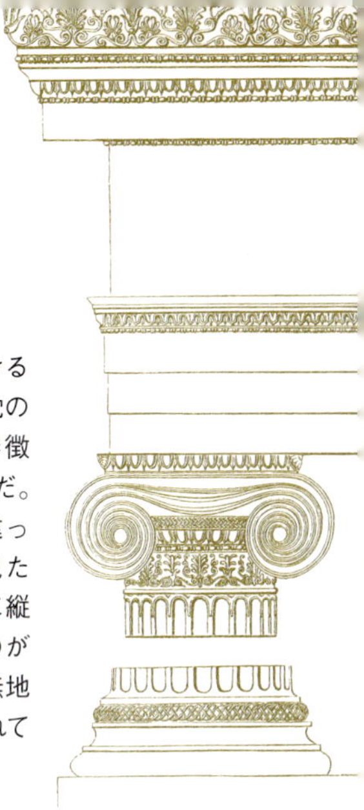

イオニア式を見わけるポイントは、丸めた枕のようだといわれる特徴的な渦巻形の柱頭だ。ほかのオーダーと違って正面と側面から見た表情が異なる。柱に縦溝がはいっているのが普通で、フリーズは無地もしくは彫刻で飾られている。

コリント式 Corinthian

コリント式には連なるアカンサスの葉でおおわれた柱頭がついている。縁にいくとアカンサスの葉がカールしてヴォリュートになっている。ギリシャ式とローマ式があり、ギリシャのコリント式柱にはたいてい縦溝が入っているが、ローマの柱は無地。

コンポジット式 Composite

コンポジット式は主にローマで考案されたオーダーで、オーダーの中でも一番豪華で手がこんでいる。コリント式とイオニア式を融合させ、アカンサスの葉と渦巻模様をあわせ持つ。フリーズとエンタブレチュアも余すところなく浮き彫り細工で装飾されている。

初期キリスト教様式 *Early Christian*

326年にキリスト教がローマ帝国の国教になると新たな教会が数多く建造された。ほとんどが側廊のついたバシリカの造りで(古代ローマの公会堂が参考にされた)、内部のアーケードを柱が支えるという方式だった。当初、初期キリスト教様式の柱頭と柱は古代ローマの手本をそのまま模したものだったが、キリスト教の図像やシンボルを反映した柱頭も新たに作られた。その後外部からの侵略が激しくなり、ローマ帝国が崩壊して東方に政治の中心が移ると、建築にも東方の影響が目立ちはじめる。そしてそれまでにない独特なビザンチン建築様式が生まれた。

東ローマ帝国の豊饒さ

Eastern exuberance

ローマ帝国後、東方の影響を受けて創意あふれるキリスト教建築の例を、イタリアはラヴェンナにある6世紀のサンアポリナーレ教会とサンヴィターレ教会に見ることができる。中央身廊のアーケードを支える柱は大理石製で、“風に吹かれた”葉文様の柱頭がついている。これはコリント式を下地にしているが、そのままコピーしたわけではない。リスポンドの柱頭にも所狭しと葉が描かれている。

イオニア式のコロネード Ionic colonnade

イオニア式の柱が太いエンタブレチュアを支えるコロネード。このバシリカはキリスト教教会用に作られたもの。豊饒ながら抑制のきいた表情となり、東方の影響を受けた後の建築物よりも古典的な建築のほうに近い。

応用と組みあわせ Adaptation and combination

時代の古い建築形態を応用して新しい宗教やそのシンボルに合わせることもあった。ヴェネチアにある聖マルコ教会の柱頭もその一例。アカンサス葉とヴォリュート、華麗なモールディングの中央に十字がある。平らで下部を深く彫りこむ葉文様は東方の影響を受けた細工独特のもの。

スポリア(略奪品) *Spolia*

図はギリシャのテッサロニキにある聖ディミトリウス教会の柱頭。スポリアを使ったと知っていれば、ややちぐはぐな作りなのもうなずける。見事な細工とインペリアルイーグルの彫刻が施された柱頭下方の主部はキリスト教の建築に移されたもの。上はいかにも粗い作りだ。

フォールド柱頭 Fold capital

コンスタンチノープル(イスタンブール)にある聖セルギウス・バッカス教会の柱頭。折りたたんだ布を柱で引き絞っているように見える。フォールド柱頭といわれ、テキスタイルのような葉文様が組みひも模様かレース細工のようにからみあい、さらに効果を高めている。

ロマネスク様式 *Romanesque*

ローマ帝国崩壊後、ヨーロッパ北部では石造建築技術の大半が失われてしまった。そのため当時建造された石造建築はローマ帝国のものより非常にシンプルだ。異邦人の侵略がおさまると地中海沿岸部との交流も再開し、10 世紀後半と 11 世紀初期には芸術・文化的な復興運動のようなものも起こった。ロマネスク様式もこの復興運動が生みだしたもので、初期ローマ様式（ただしかなり簡素化されていた）と、ヨーロッパ北部の先住民のあいだでよく使われていた装飾的な幾何学模様が組みあわせられるようになった。

コロネット Colonnette

コロネットは小柱のことで、柱礎と柱頭を備え、構造材ではなく装飾として使われる。ロマネスク建築とゴシック建築の大きな特徴でもあり、窓やドア、大きな柱に華を添えていた。これはフランスのルピヤックに立つロマネスク様式の教会。窓にコロネットがつけられている。

スカロップ柱頭 Scallop《ホタテ》 capital

横に広くて薄く、スカロップの縁のような縦溝があるためスカロップ柱頭といわれる。これはオックスフォードシャー州にあるイズリップ教会にある身廊の柱。円筒形の中心柱を４本の細い柱が囲んでいる。

象形装飾の柱頭 Historiated capital

ロマネスク様式の柱頭は表面が平らで、物語を表現する象形模様の浮き彫りを施したものが多い。中でもひんぱんに見かけるのが奇跡の物語や、美徳と悪徳を表現する彫刻。グロテスク風または空想的な像もよく装飾に使われる。

装飾を施した柱 Decorated column

図のような幾何学模様で飾った柱身があればロマネスク時代と特定できる。特にポピュラーだったのがらせん模様やジグザグ模様で、おそらくはローマの旧サンピエトロ聖堂にあったらせん柱と関係があると思われる。ただし対の柱が同じ模様とは限らない。

像が彫りこまれた柱

Column figure

特にフランスとスペインのロマネスク様式建築では、聖人や聖書の登場人物の像を刻んだ人形《ひとがた》でドアの側柱を表現することが多かった。図はスペインにあるサンティアゴ・デ・コンポステラ大聖堂の像で、旧約聖書の預言者が巻物を持つ姿が描かれている。

ゴシック様式 *Gothic*

先立つロマネスク時代に比べ、ゴシック時代の建築技術と彫刻技術は格段に進歩した。そのためゴシック建築はロマネスク建築よりもはるかに軽やかで繊細になる。これが特に顕著なのが柱と柱頭の彫刻だ。柱頭にリアルな葉飾りを施す仕様が大流行し、ゴシック時代前半はひときわ葉模様が使われた。柱は細い柱身がいくつも集まったような形に作られることも多かった。ゴシック時代後半になると柱頭がそれまでになく小さくモールディングとあまり変わらないほどになり、建物の垂直のラインが強調されることになる。

豊かな装飾

Rich ornamentation

図は13世紀に建築されたリンカン大聖堂。このように初期ゴシック時代の柱頭はリアルな葉模様や太いモールディング、また犬歯飾りや図にもある四弁花など幾何学的な造作を組みあわせて豪華に飾られることが多かった。細い柱身に褐色のパーベック大理石を使うことでさらに壮麗に。

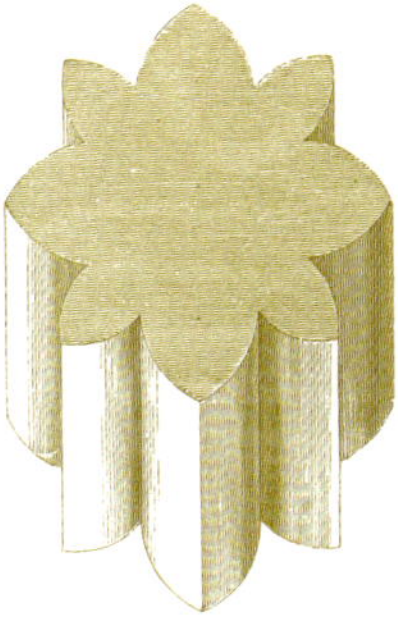

分　柱 Detached shaft

これは13世紀、ソールズベリーに建築されたゴシック様式の大聖堂の柱。丸い中心柱を4本の独立した柱身が囲む。このつけ柱（アン・デリ）は柱礎と柱頭、シャフトリング（輪状環）で固定される。シャフトリングは特別に切削された石でできており、中心柱に接着されている。

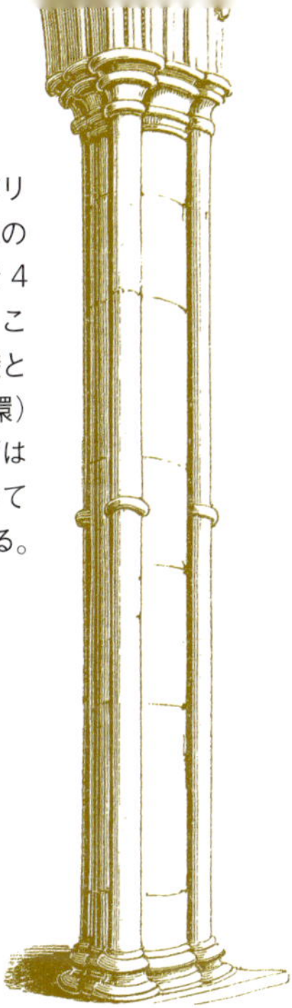

複雑な柱 Complex column

ロマネスク建築とゴシック建築では、柱身をいくつか束ねたような複雑な形の柱が人気だった。複数の部材から構成されているように見えるが、実は1つの石材を彫ったものが多く、柱の安定度と強度も高い。

ダイイング モールディング Dying molding

柱頭がなくてもアーチを柱や壁につなげることができる。ゴシック時代、柱頭のかわりにいわゆるダイイングモールディングが用いられるケースがあった。柱頭をはさまずに壁や柱にうまく融合する。図は13世紀後半または14世紀初頭に作られた例。

モールディングを施した柱頭と柱礎 Molded capital and base

ゴシック時代後半になると生い茂る葉模様は廃れ、細いモールディングをいくつも使った多角形のシンプルな柱頭と柱礎が登場する。柱は細い柱身が複雑に束ねられたものになり、建築物も縦方向の印象が強くなる。ウィンチェスター大聖堂（上）やカンタベリー大聖堂（下）もその例。

ルネサンス&バロック様式
Renaissance & Baroque

ルネサンス時代の重要な特徴は、一定の規則を持たない凝ったゴシック様式から離れ、きびしく定められた古典主義的オーダーを復活させたことだった。中でも古代ローマの栄光を一番思いおこさせるトスカナ式とコリント式オーダーの人気が高かった。イタリアのルネサンス時代に活躍した建築家は古代の遺跡をもとにして建築物の設計を行ったものの、用途に合わせてオーダー(特にコリント式)を多少変えて使うこともあった。バロック時代とロココ時代には建築家も独創的な才をふるい、古いモデルからさらに遠ざかって新たな形の柱頭や柱をデザインするようになった。

オーダーを重ねる
Hierarchy of Orders

オーダーが違えば外見的な特徴も異なるとされる。シンプルなドリス式とトスカナ式は特に力強さと、コリント式は美しさと結びつけられる。たとえばフィレンツェのルチェラーイ宮殿のファサードは、下階にドリス式、上階にコリント式のピラスターが配されている。

ルネサンス時代のピラスター

Renaissance pilaster

これはヴェネチアの教会にあるルネサンス様式のピラスター。コリント式がベースになっているが、伝統的なアカンサス葉の装飾がついているのは柱頭のコーナー部だけで、中央によりリアルなバラを配置。ピラスターには縦溝のかわりに蔓葉模様が。

帯つき柱

Banded column

ルネサンス時代の建築家は古典様式を土台に新たな形を模索した。その1つが帯つき柱で、帯部分が大きくルスティカ仕上げになっている。フランス王室お抱えの建築家フィリベール・ド・ロルム(1510頃-1570)考案の帯つき柱は、後期ルネサンスおよびバロック建築の重要な要素となった。

ロココ様式の柱頭 Rococo capital

ロココ時代になると、繊細なロココ様式にふさわしい軽やかな装飾の柱頭が新たにデザインされた。図の柱頭はほぼ円筒形で、通常ベースにするコリント式とはかけ離れているが、装飾効果は損なわれていない。

装飾的な柱 Decorative column

バロック時代の建築家は、構造材としてはもちろん装飾にも柱を活用した。たとえばパリにあるサンポール・サンルイ教会のファサードの柱は奇抜にもペディメントの上に配されているが、表面の凝ったオーナメントとともに豊かな装飾効果を生みだしている。

復興様式 *Revival Styles*

18世紀の半ば、学者のあいだで古代建築をくわしく調べる研究が始まった。それとともに精密な図が作られて出版され、広く流通するようになる。特にジェームズ・"アテナイ人"・ステュアート(1713-88)とニコラス・リヴェット(1720-1804)はギリシャ建築にスポットライトをあて、その著作(図面集)は古代建築を正確に模した建物の建造に大きく役だった。ギリシャ建築には後のローマ建築に欠ける清廉さがあるとされ、そこから合衆国やフランスなど新たに民主制が取られた国に似つかわしいと考えられた。復興様式は古い建築をモデルにするのが普通だが、最近の建築家は柱の形に趣向を凝らしている。特に高層建築にはこの傾向が強い。

遺跡の研究とイオニア式

Antiquarian study, Ionic Order

18世紀には本物の遺跡について非常にくわしく研究した文献が出版された。このギリシャのイーリッソスで発見されたイオニア式オーダーを描いた図もその例だ。それまで知られていなかった建築物が発見されて図になると昔のモデルをそのまま模した建築が作れるようになり、歴史的な正確さが重視されはじめた。また定番として使えるフォルムの種類も増えた。

柱礎がないドリス式 Baseless Doric

古代ギリシャで使われたドリス式の柱は柱礎を持たず、ローマの柱よりも重厚だった。18世紀には改めて建築家や学者の注目を引くことになり、ローマの退廃的な雰囲気に毒されていない純粋な古典主義を表していると考えられた。米国のオハイオ州議事堂のように、ギリシャ復興様式の重要な特徴でもあった。

柱のような高層建築 Skyscraper column

ニューヨークのシュレティ・ビルディング（1894-96）など初期の高層建築は独立した巨大な柱のようなデザインだった。下階が柱礎を、突き出したコーニスを持つ上階が柱頭を表すとともに、縦に連なる窓のラインが"柱身"の縦溝に見える。

ブリタニック式
Britannic Order

新古典主義時代にオーダーのヴァリエーションが発見されると、18世紀の建築家は自らも新たなオーダーのデザインを試みるようになった。図のブリタニック式ではイングランド王室を象徴するライオンとユニコーンが描写されている。一方ワシントンDCの米国連邦議会議事堂は、アカンサス葉のかわりにトウモロコシの穂を描くコーンコブ《トウモロコシの穂軸》式で装飾されている。

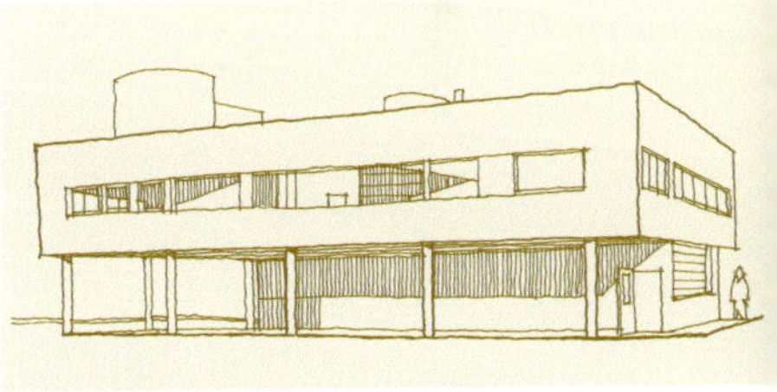

パイプ柱 Pipe column

20世紀のモダニズムを唱える建築家は柱礎と柱頭を廃し、よけいな飾りのない、機能に徹したプレーンな柱を好んだ。それでもフランスのポアッシーに立てられたル・コルビュジェ設計のサヴォア邸（1929-31）のように支柱として柱を使い、ファサードにリズム感を出すこともあった。同様に、コンクリートを塗った柱やコンクリートを充填したパイプの柱も地下室の支柱としてよく利用された。

ARCHES

アーチ

イントロダクション *Introduction*

開口部の上に建材を渡す主な方法は２つある。真っ直ぐなリンテルを使う方法と、カーブしたアーチをかける方法だ。いずれにしても独立した柱で支えることも可能だし、壁に組みこむこともできる。ただしアーチは下方にかかる荷重をうまく壁や柱に伝えられるため、丈夫さではリンテルよりもアーチがまさる。古代ギリシャでは水平なリンテルすなわちエンタブレチュアを柱で支えるまぐさ式（梁式）構造が用いられた。一方ローマではアーチ構造をフル活用してより大きく複雑な建物を立てたが、それでもなお視覚的な効果をねらってアーチのまわりにエンタブレチュアや柱をつけ足した。

まぐさ式構造 Trabeated construction

古代ギリシャではまぐさ式（梁式）構造が建築に使われた。これは開口部にリンテルを水平に渡して柱で支えるシステムである。リンテルは強度に欠けるため、支えるためには密に柱を立てる必要があった。その結果ギリシャ建築の特徴である隙間の狭いアーケードが生まれた。

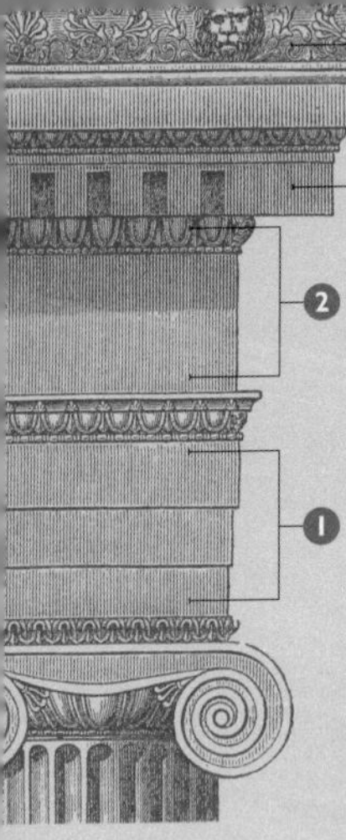

エンタブレチュア
Entablature

古典建築ではリンテルやその上の装飾など柱頭から上の水平構造全体をエンタブレチュアと呼んだ。エンタブレチュアはアーキトレーヴ(1)、フリーズ(2)、屋根下のコーニス(3)からなる。エンタブレチュア自体を装飾として利用することもあった。

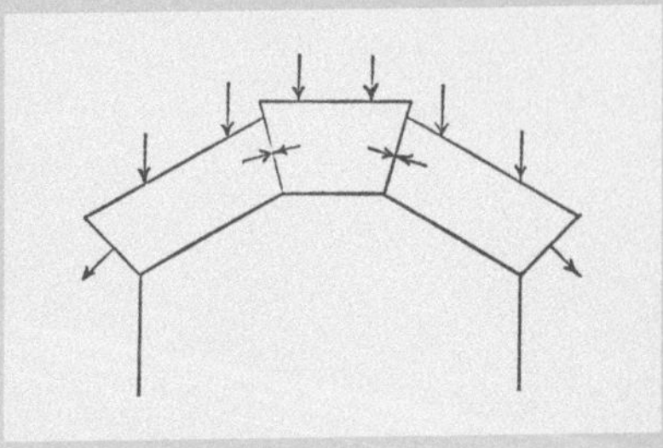

要　石 Keystone
アーチ中央の要石は文字通りアーチをうまく固定する"要"だ。図でわかるように、アーチを構成するブロック(迫石《せりいし》、ブーソア)はくさび形に切り出されている。一番上の要石も構造を安定させるため両側が斜めに削られている。

古代ローマのアーチ Roman arch
アーチを発明したのは古代ローマ人ではないが、その装飾的および構造的な使い道をきわめたのはローマ人が最初だ。ローマのアーチは図のコンスタンティヌスの凱旋門のように通常は半円形で、重厚なエンタブレチュアとピラスターと組みあわせられ、アーチ自体は外観に華を添えるものになっていることが多い。

支持構造としてのアーチ Supportive arch
古代ローマではアーチの下方への荷重に耐える能力も最大限に活用し、複数階の建物を造った。これはローマにあるコロセウムの断面図。アーチをどのように使って上階を支えているかがよくわかる。一方で分厚い外壁はアーチを支えるバットレスの役目を果たす。

形 *Shape*

アーチといえば普通は曲線を描く形をさす。建築ではアーチといっても実に様々な曲線があり、驚くほど直線に近いアーチも存在する。ただしどの建築的なアーチも形を整えた石のブロックを構造的に安定するように組むという特徴は共通している。その形も時間とともに変化するので、ある時代ならではの形というものもある。中でも一般的なのは古代ローマ、ロマネスク、ルネサンス時代と結びつけられる半円形（丸形）アーチと、ゴシック時代に特徴的な尖頭アーチだ。

半円アーチ Round

半円アーチがついたロマネスク様式の窓の周囲にブロック（迫石、ブーソア）がはめこまれている。迫石はそれぞれアーチの丸みに合ったくさび形に成形されていて、この石組法をラディアルブーソアという。迫石は隣の石に対して下に荷重をかけるため、うまく安定する。

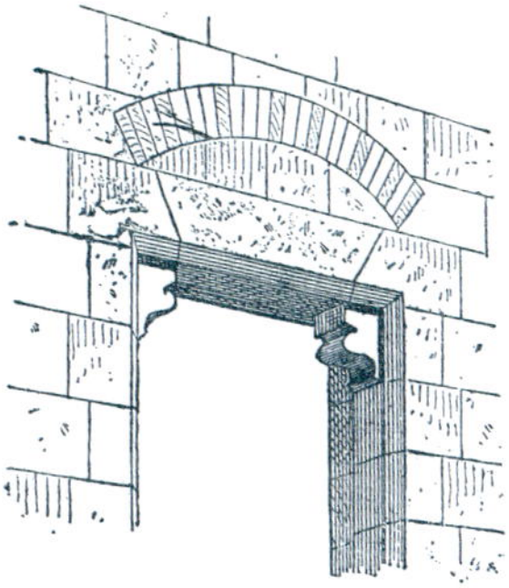

フラットアーチ Flat

フラットアーチの場合、アーチ上端部のブロックは下方ではなく隣同士で押しあうように組まれている。レンガ造りの建築物に使われることが多く、ジョージ王朝時代とヴィクトリア朝時代に特徴的な、開口部の上端が水平な窓やドアを作るのに利用された。

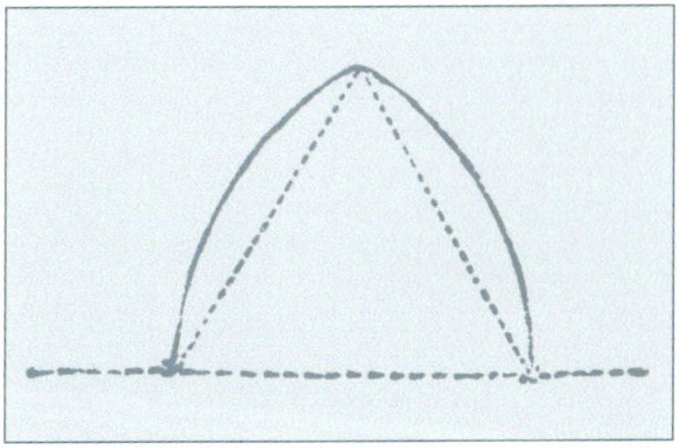

尖頭アーチ Pointed

尖頭アーチは 2 つの円弧を組みあわせた形になっていて、側面が曲線を描き、先端がとがっている。頂点の角度がどのようにでも調整可能な点が大きなメリットで、高さを制限されずにアーチを広くも狭くもできる。

馬蹄形アーチ Horseshoe

馬蹄形アーチの曲線部は半円よりも円に近く、イスラム時代のスペインも含めてとりわけイスラム建築によく使われた。図のトレドにあるサンタマリア・ラ・ブランカ教会もその例。12 世紀にシナゴーグとして建造されたが 1405 年頃に教会に転用された。

背つきアーチ Shouldered

背つきアーチはこの窓のような形の開口部を指す言葉。様式化された首と肩に見える。正確には成形ブロックからなるアーチではないが、開口部の上端に配されたコーベルの上には真っ直ぐなリンテルがある。

ロマネスク様式 *Romanesque*

10 ～ 12 世紀にかけてヨーロッパ西部で主流となったロマネスク様式の建築は半円アーチが特徴だ。ロマネスク時代のごく初期に作られたアーチは大変簡素なものだが、オーダーをいくつか組みあわせる、またはアーチを連ねて配することで豪華な印象になっている。12 世紀には装飾が増え、ロールモールディング（丸繰形、断面が半円形のモールディング）やシェヴロン（山形紋）、その他の幾何学的オーナメントがアーチを飾ることで、豪華ながらどこか原始性を感じさせる外観に仕上がっている。アーチは装飾用に使われることもあり、壁にくぼみをうがっただけで他へは通じないブラインドアーケードがよく知られている。

身廊のアーケード

Nave arcade

初期ロマネスク時代の建築はその多くがきわめて簡素かつ重厚。凝った装飾ではなく力強さが美を醸しだすところが注目に値する。この身廊アーケードに組みこまれているのは質素な 3 重のアーチで、装飾といえば縁の控えめな溝条ぐらいだ。この溝条によってアーチの強度を損なうことなく見た目の重々しさが軽減されている。

大オーダー

Giant Order

大オーダーとは小さいアーチまたはオーダーを囲いこむ巨大なアーチをさし、ロマネスク様式によく使われた。水平ラインの印象が強くなりがちな立面に縦方向の統一感をもたらす。その一例がこのスコットランドにあるジェドバラ修道院。大オーダーが身廊と回廊のアーケードを包みこんでいる。

幾何学的オーナメント Geometric ornament

初期は簡素さが身上だったが、ロマネスク時代も後期になると様々な幾何学的装飾を施す造作が主流になる。図のように、1つの開口部に複数のモチーフを組みあわせることも多かった。これはノーサンプトンにある聖ペテロ教会のアーチ。様々な種類のジグザグ紋（シェヴロン）で装飾されている。

ブラインドアーケード Blind arcading

装飾的アーケード、すなわちブラインドアーケードはロマネスク時代に広く用いられた造作で、2つのアーケードが交差する形に仕立てられることが多かった。ハンプシャー州にあるこのセントクロスのように、半円アーチが重なりあうと尖頭アーチができる。続くゴシック時代の尖頭アーチはここから発達したと思われる。

クラスピングモチーフ Clasping motif

ロマネスク時代の石工や彫刻家は空想的またはグロテスクなモチーフを好んだ。ここでは大きな鼻先を持つ様式化された動物が、アーチのほうから下のロールモールディングにかみついている。鳥の頭（ビークヘッドといわれる）やシェヴロン模様のモールディングなどを用いたクラスピングモチーフもよく使われた。

ゴシック様式 *Gothic*

12世紀になると西洋建築に尖頭アーチが広まり、構造的にも装飾的にもゴシック建築の重要な要素となった。尖頭アーチは半円アーチよりも軽快に見え、強度もまさる。アーチ頂点のブロックが下方ではなく内側に押し合う形になるためだ。これにより、ゴシック時代の石工は半円アーチを使った建築よりも軽やかでより繊細に映る建物を作れるようになった。当初の尖頭アーチは比較的背が高くて細かったが、後期ゴシックになるとS字型(曲線が反転する形)のオジーアーチや平らな四心アーチなど新しい形状が試されるようになった。

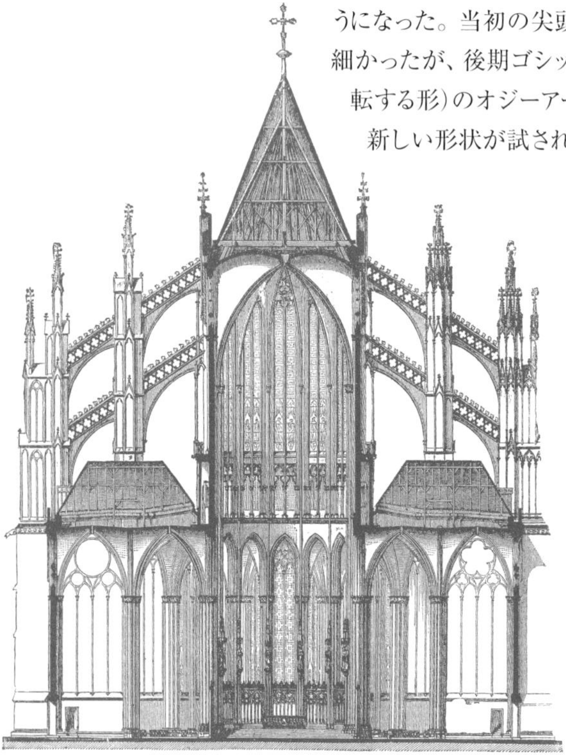

尖頭アーチ Pointed arch
ゴシック時代の石工は尖頭アーチが持つ構造的な安定性を存分に生かし、非常に大きく背の高い建築物を造った。ドイツのケルン大聖堂もその例だ。アーケードのアーチに限らず、窓や窓のトレーサリー、ヴォールトもすべて尖頭アーチに仕立てることでさらに安定度が高まっている。バットレスも尖頭のハーフアーチだ。

複数のモールディング Multiple moldings

ゴシック時代のアーチは細いモールディングで装飾して何重にも起伏をつけるものが多かった。こうすると先立つロマネスク時代よりも繊細な表情が出た。モールディングは1つひとつ独立しているように見えるが、実際は同じ迫石に彫りこんである。

オジー Ogee

上端がS字型のカーブを描くオジーアーチは14世紀ゴシック建築の重要な一面だ。オジーによって波状の曲線や互いにかみあう模様が作れるようになったためである。ノリッジ大聖堂に作られたこのブラインドアーケードに見られる涙形もその例だ。

四心アーチ Four-centered arch

このアーチの曲線を描くには円弧の中心が4つ必要なことから四心アーチといわれる。よくチューダーアーチと呼ばれ、英国の後期ゴシック建築の重要な要素だ。四角いフードモールディングで囲まれることも多く、外輪とのあいだにできるスパンドレルには装飾的な彫刻が所狭しと施されている。

カスプ Cusping

この後期ゴシック時代のアーチにはカスプがある。カスプとはアーチのカーブから突き出した装飾的な尖端のこと。大きなアーチの中に小さい曲線を組みこんで作るもので、カーブ同士が交わるととがったカスプができる。図のようにカーブ自体にカスプをつけて装飾性を高めることもある。

ルネサンス&バロック様式
Renaissance & Baroque

ルネサンスが15世紀にイタリアで始まり、ゆっくりと北方へ広がると、古代ローマ建築への関心が高まってゴシック様式（特に尖頭アーチ）は廃れていった。入れかわるように半円アーチが復活し、ピラスターに乗せたエンタブレチュアが用いられはじめる。ただし古代ローマの本来のモデルとは違ってアーチ自体が重視され、付属するはずのエンタブレチュアを外してアーチとアーケードのみを使うこともあった。柱頭のないアーチ、ルスティカ仕上げのアーチ、エンタブレチュアが支えるアーチなど新たな形のアーチも生まれた。

アーチとエンタブレチュア
Arches and entablature

エンタブレチュアを冠したアーチ、エンタブレチュアを支えるピラスターという古代ローマ的モチーフは、ルネサンス建築のトレードマークでもある。図はヴェネチアのサンマルコ旧図書館（1537年着工）。2層のエンタブレチュアが強い直線のラインを描くフレームとなってアーチを統べている。

ルスティカ仕上げのアーチ Rusticated arch

ルスティカ仕上げのブロックから構成され、はっきりした形の柱頭を持たないアーチもルネサンス建築のもう1つのトレードマーク。これは16世紀にアンドレーア・パッラーディオが設計したイタリアのヴィラ（別邸）。下階はアーケードが形式程度にあるのみ。ルスティカ仕上げのアーチと、やはりルスティカ仕上げの重厚なピア（窓間壁）も見える。

扁平なアーチ Depressed arch

イタリアよりも北方のヨーロッパでは、ゴシック様式とルネサンス様式がはっきりと区別されていなかった。たとえばドイツにあるブラウンシュワイククロスホール。1階は出入り自由な作りで、後期ゴシック様式で用いられたチューダーアーチを思わせる扁平度の高いアーチに、ルネサンス様式のエンタブレチュアとピラスターが組みあわせられている。上階でも同様のアーチが使われている。

ブロックトキーストーン Blocked keystone

ブロックトキーストーンはルネサンス時代に流行したモチーフ。ブロック1つひとつがとても目立つのでこの名がついた。これは17世紀にパリに作られた王室広場への入り口で、円頭アーチが3つ配されている。ひときわ要石が大きく、アーチを囲むモールディングから大きくはみ出して伸びている。

ロッジア Loggia

ロッジアとは片側が屋外にむけて開放された長い屋根つきアーケードのことで、建物の一部になっている場合も、独立して作られている場合もある。イタリア独特の造作なので、ほかの国でもイタリア風の建築にしたいときにロッジアが使われたりした。図はミラノのオスペダーレ・グランデ（1456年着工）。ロッジアが上下2層になっている。

復興様式 *Revival Styles*

18 ～ 19 世紀、様々な復興様式を手がけた建築家は、目的とする様式らしさを出すために必要に応じてアーチやエンタブレチュアを利用した。その結果、(新)古典様式を手っ取り早く表すにはコロネードが支えるエンタブレチュアを、ゴシック復興様式を表現するには尖頭アーチを使うのが定番となった。19 世紀には新たな様式を作ろうという試みもなされた。中でもおもしろいのがルントボーゲンシュティール(半円アーチスタイル)だ。半円アーチスタイルのあらゆる面を利用し、装飾的な使い道が追求されている。

新古典様式の住宅

Neoclassical house

エンタブレチュアとそれを支えるコロネードという造作は、新古典建築の装飾の基本的な特徴だった。図は 19 世紀初期に立てられた米国の住宅で、屋根のコーニスが、4 本の装飾的なピラスターでエンタブレチュアのように支えられている。下階を印象づけるのが窓と中央からずれたドアをうまく結びつけるアーケード。

ゴシック復興様式 Gothic Revival style

図は19世紀初期に立てられた住宅。尖頭アーチの小さな窓とドア、トレーサリーを用いることでゴシック復興様式らしさが出ている。とがった破風、不規則な配置の煙突、正面の階段室を擁する鋸壁模様の小塔、脇に添えられた背の高い小塔が、ゴシックらしい雰囲気をさらに高めている。

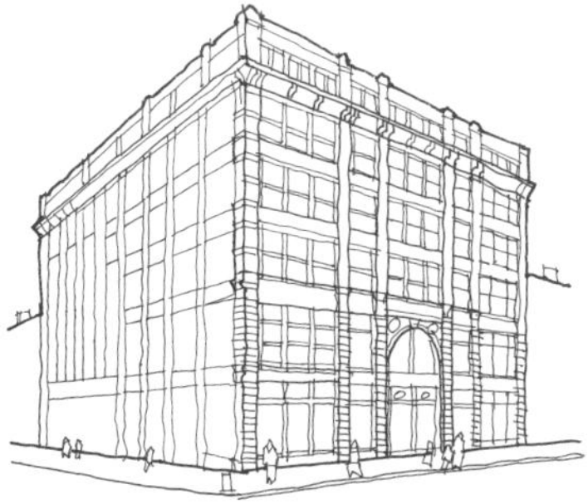

凱旋門 Triumphal arch

図は1886年ニューヨークに開店したブルーミングデールズ・デパート。エントランスにはローマの凱旋門のモチーフが使われている。重厚なルスティカ仕上げのピラスターが、ファサードの1～2階に渡ってはめこまれた中央アーチとやや幅の狭い垂直パネル――凱旋門のがっしりした柱部分のようだ――を縁取る構造。

ルントボーゲンシュティール *Rundbogenstil*

ルントボーゲンシュティール（半円アーチスタイル）は19世紀の折衷的な復興スタイルだ。米国はミシガン州にある図のアナーバー教会のように必ず石造りで、初期キリスト教、ロマネスク、ルネサンス様式など様々な半円アーチ形の要素を組みあわせている。重厚なアーチとどっしりしたルスティカ仕上げも特徴。

ゴシック復興様式のポーチ Gothic Revival porch

図は1870年代に作られたゴシック復興様式のポーチ。エントランスに立つ様式化されたゴシック風柱のカスプつきアーチが、このスタイルの重要ポイント。柱のディテールがドアの装飾的なアーチと円形パネルにもくり返されている。見た限りでは基本的な構造以外の部分にディテールの装飾が施されているようだ。

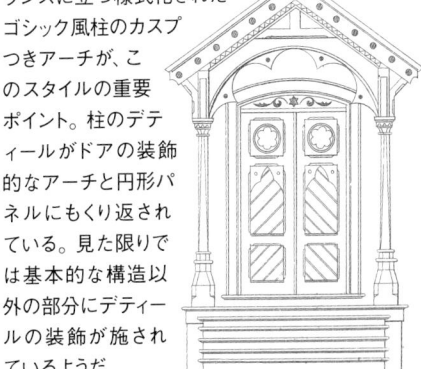

近　代 *Modern*

20 世紀の建築にもアーチやエンタブレチュアは登場する。アーチは新たなタイプの建築物を作るにあたって構造上の鍵となる要素であったし、今もその重要性は変わらない。中でも駅舎や空港など輸送に関わる設備にとっては欠かせないものだ。アーチによって強度が増し、多くの人々を収容するための広いオープンスペースが作れるようになったからである。鉄骨はまぐさ式に組むが、モダニストの建築家はその外見を利用して、余分な装飾が一切ないコロネードに仕立てた。視覚的に統一感のある長い商店街を作る場合もコロネードとアーケードという構造が役立つ。ロンドンのリージェント通りもその一例だ。

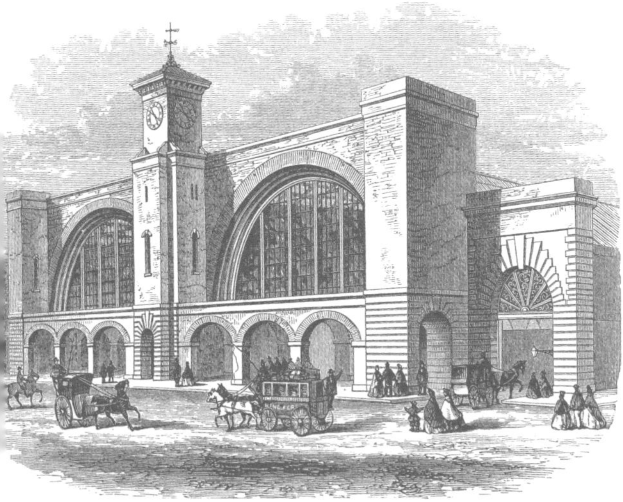

駅　舎 Train station
19 世紀の駅舎に特徴的な巨大なアーチは機能と装飾両方の役割を果たしている。アーチ構造は強度があるため、線路をまたいでガラスと鉄製の樽形ヴォールト天井をかけることができた。ロンドンはキングズクロス駅のように、外に向けて大きなアーチ越しにヴォールト天井を表現することも。

ルスティカ仕上げのアーケード Rusticated arcade

店とオフィスが連なる長いリージェント通りは1923年にレジナルド・ブロムフィールドが設計した。この際、ブロムフィールドはルネサンス時代のパラッツォやロッジアなど古い造作を下敷きにして街にふさわしいアーケードを作った。アーチ自体には柱頭がない――使われているのは重厚な要石とひときわ目立つルスティカ仕上げのみ。

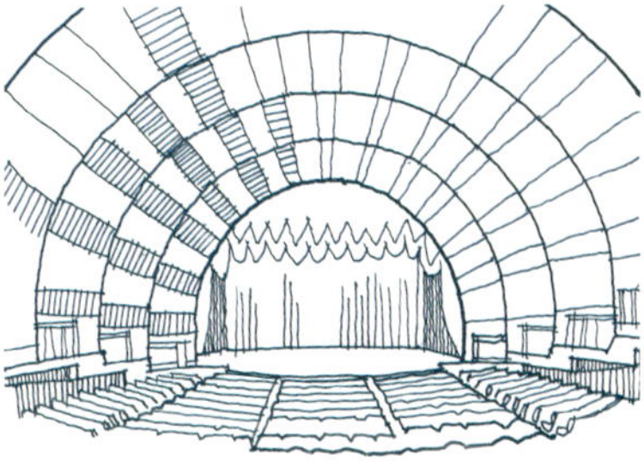

アールデコ様式のアーチ Art Deco arch

アールデコ建築でもアーチは重要な表現形式で、図のニューヨークにあるラジオシティーミュージックホール（1932年オープン）のように装飾と構造の両方を満たす仕様として使われた。そのプロセニアムアーチ（“プロセニウム”は“舞台前”を表すギリシャ語）には同心円状のアーチが使われて奥行きと壮麗な印象を醸し出している。

モダニズムのアーケード Modernist arcade

ニューヨークのリンカーンセンター（1962）の正面に立ち並ぶ柱はギリシャ神殿のファサードにヒントを得たもの。ただしオーナメントのない非常にすっきりしたラインはどこから見ても現代建築だ。メインアーケード内の柱間にしつらえられたアーチのゆるやかな曲線が、下階と先細りの柱にも反映されている。

パラレルアーチ Parallel arch

建築家が新しい建材を使う斬新な手法をあれこれ模索しはじめるにつれ、アーチは最新の建築でも重要な役割を果たすようになる。オーストラリアのシドニーオペラハウスではアーチを並列させて大きな空間を確保するとともに、独特のフォルムとすばらしい音響効果を実現させた。

ROOFS & GABLES

屋根&破風

イントロダクション *Introduction*

何らかの構造を建築物にするもの、オープンスペースを囲む壁以上の設備にする造作、それが屋根だ。何よりも求められるのが風雨を防ぐ効果なので、屋根(陸《ろく》屋根も)には排水のために傾斜をつけるのが普通である。平らな陸屋根は乾燥した地域に多いが、風雨が激しい地域では急傾斜の屋根が一般的だ。建築界では屋根の形も様式の演出に使われる。陸屋根はイタリアのルネサンスに、急勾配屋根は中世とフランスのルネサンスに結びつけられるという具合だ。

勾配屋根 Pitched roof

勾配のある三角屋根は一番基本的な形で、建築もきわめて容易だ。排水性に優れ、様々なタイプの建物につけることができる。屋根を支える壁の両端にできる三角部分は破風と呼ばれる。

張り出したひさし Overhanging eaves

このスイスの住宅は、屋根が突き出して張り出しひさしになっている。雪や雨が直接家のまわりに降りこまないようにする効果がある。深いひさしは暑い地域でもよく見かける。壁に日光が当たるのを防げるからだ。

キャットスライド屋根 Catslide roof

この米国の住宅の屋根は、メインの勾配からさらに下方へのびて1階の増築部分をおおっている。キャットスライド、またはソルトボックス屋根という作りだ。これならば2つに分かれた部分に屋根を葺く場合、あいだに谷や樋を作ることなく容易に屋根を渡すことができる。

紋章を表す胸壁 Heraldic battlements

このツバメの尻尾のようなクレネレーション（銃眼）には、装飾をはるかに越えたシンボル的な目的がある。イタリアはヴェローナで中世後期に力を持っていた政党の1つ、ゲルフ党への忠誠を館主が誓う印だ。シェークスピアはゲルフ党とギベリン党の抗争をヒントに『ロミオとジュリエット』を執筆した。

隠し屋根 Concealed roof

古代ローマの建築から造作を拝借した隠し屋根はイタリアのルネサンスの重要な特徴で、ほかでも広く模倣された。ローマにあるヴェロスピパレスの屋根は勾配がほとんどなく、下からは重厚なコーニスがあいだに入るせいで屋根がまったく見えない。

古典様式 *Classical*

古典様式の屋根で一番重要な形といえば、長い傾斜面の端に装飾的な破風、すなわちペディメントがついている形式だ。これは建築手順がきわめてシンプルな屋根で、メトープやトリグリフなど古典様式のオーダーに含まれる要素の多くが、屋根の構成材を石材で表現したものといえる。勾配屋根の幅に対する高さの割合は、そのサイズによって異なる。屋根が大きすぎて不格好になるのを防ぐため、古代ローマでは装飾的なファサードと平らな屋根を組みあわせ、屋根をコーニスの裏に隠すようになった。このおかげで大きく複雑な建物の建造が可能になり、ペディメントのついたファサードが今も残っている。

勾配屋根の延長 Extended pitched roof

古代ギリシャ神殿の屋根型の定番といえば、建物の端から端までのびるシンプルな勾配屋根だった。ゼウス・オリンピオス神殿もその例だ。両端は装飾的なペディメント（破風）にはさまれている。周囲を囲むコロネードやポルティコがあると、その上にまで勾配屋根がのびている。

アンテフィックスとアクロテリオン

Antefix and acroterion

屋根のつなぎ目をおおうカーブしたインブレックスの端に、アンテフィックスという小さな立ち上がりタイルがかぶせられている。アンテフィックスにはアンテミオン（ハニーサックル）の文様がつけられるのが普通だ。破風の隅につけるブロックはアクロテリオンといい、図のように彫像がついているものが多い。

トリグリフ Triglyph

ドリス式の特徴としては縦溝の入ったトリグリフがあげられる。この図は屋根梁の端が石材で表現されるようになった経緯を想像したもの。梁のあいだの空間が平らなメトープになったと思われる。すぐ下の平らなフリーズは水平材のリンテルを表していた。

彫刻つきペディメント Sculpted pediment

神々の姿や宗教的な逸話の場面を刻んだ彫刻は、古代神殿でもキリスト教教会でも重要な装飾だった。この図は当時の姿を再現したアテネのパルテノン。ギリシャ神話に登場する神と巨人の戦いが所狭しとペディメントにレリーフ彫刻されている。

ペディメントつきファサードと平らな屋根

Pedimented facade and flat roof

ペディメントは幅が広がると比率をくずさないよう縦も伸ばさねばならず、巨大で不格好なものになりかねない。図は１世紀に建てられたローマのコンコルド神殿。古代ローマ人がペディメントつきファサードと平らな屋根を組みあわせて大きな建築物を作った様子を示すもの。後のデザインの先がけとなった。

ロマネスク様式 *Romanesque*

ロマネスク時代になるとパラペットや手すりの裏に屋根を隠すことはなくなり、屋根が見えるのが普通になった。屋根の長い傾斜もロマネスク建築の美観として重要な役割を果たすようになる。急勾配の屋根や円錐形または多角形の屋根なども登場し、建物の形に合わせて使われた。視覚的なまとまりを出すためには異なる形をどう重ねるかも大切な点だった。特に区画ごとに別の屋根を必要とする教会ではこの技術が重視された。切妻壁も彫像や窓を複雑に配置するなど凝った装飾がなされたため、ロマネスク建築のファサードを設計する際の重要な要素となった。

複合的な屋根のスタイル Multiple roof styles

図は12世紀にドイツはヴォルムスに建てられた大聖堂。屋根は典型的なロマネスク様式だ。身廊の上に勾配屋根、側廊には身廊の壁に突きあたる片流れ屋根がかけられている。また小さい塔はその円形を反映した円錐形の屋根が、中央塔と後陣は多角形の屋根がおおっている。

装飾を施した破風 Decorated gables

ロマネスクおよびゴシック時代の教会の切妻壁は労を惜しまずオーナメントを配したものが多く、エクステリアでは一番目立つ装飾的な特徴の１つだった。図のヴェズレーに立つサンペール教会の壁には彫像が組みこまれている。複雑なデザインの窓、特にバラ窓も破風装飾の定番だった。

コーベルテーブル Corbel table

ロマネスク時代、屋根梁の端を石材で表現したコーベルを並べて屋根と塔の縁を装飾することが多かった。コーベルには頭像や動物像、グロテスク風の像を刻んだものもあれば、シンプルに様々な幾何学形を並べるものもあった。

ガーゴイル Gargoyle

中世時代、建物の脇に雨水を流す吐水口はガーゴイルというグロテスク風の動物または人間像に仕立てることも多かった。ガーゴイルは特にフランスでポピュラーだったが、ほかの地域でも見られる。

コーベルのついたパラペット

Corbelled parapet

防備施設にパラペットがあると防御側は敵に姿を見せずに矢を射かけることができた。また下から屋根が壊されるのも防げた。図はイタリアはマントヴァにあるパラッツォ・デッラ・ラジョーネの関門。屋根の輪郭から突き出した低い壁、コーベルつきパラペットが屋根を隠している。

ゴシック様式 *Gothic*

ゴシック時代によしとされた美しさは、先立つロマネスク時代よりもはるかに軽やかで繊細なものだった。建物のほかの部分はもちろん、屋根にもこの基準が当てはめられた。建築技術も発達し、以前はとても無理だった複雑な形が作れるようになる。ゴシック様式でも大変に凝った屋根の例をホールに見ることができる。中世時代のホールとは、メインのリビングスペースであり、睡眠を取り、料理をする場所でもあった。垂木が露出しているため、ホールの屋根材には持ち主の富と趣味を示す手のこんだ装飾が施されたりもした。

仕切りがないホールの屋根 Open hall roof

図は13世紀後期にシュロップシャー州に建てられたストークシ城のホール。側面には地面近くから小屋根にまで達する、非常に縦長の背の高い窓があり、ここから屋根内部の構造がうかがえる。おそらくホールは屋根まで仕切りがないオープンな作りのはず。そうでなければこのような窓は作れない。

真束の屋根 Crown-post roof

屋根の四方八方へと広がる方杖を持つ中央の柱を真束《しんづか》という。横方向に渡したろく梁で中央の母屋桁《もやげた》を支え、三角形の各トラスがトランプのように倒れないよう固定する役目がある。

破風板 Bargeboards

破風板とは、切妻壁側の屋根の縁にそってつける彫りこみ板のこと。垂木の端をカバーして保護する役目がある。装飾的な仕上げにもなり、無地のものもあれば、図のケント州にある14世紀後半に建てられた住宅のように彫刻を施したものもある。

ウィンドブレース Windbraces

この屋根では、水平材の母屋桁と縦材の合掌のあいだに斜めに成形木材が渡されている。この屋根側面につけられた木材をウィンドブレースという。ブレースは補強用の筋かいのこと。名前からも、垂木を固定して強い風が吹いてもくずれ落ちないようにする機能がうかがえる。

ハンマービーム構造の屋根 Hammerbeam roof

図では短い水平梁《ビーム》が壁から突きだし、直立するハンマーポストを支えている。さらにハンマーポストが上の屋根構造を支えることで内部スパンをきわめて広く取れる。教会ではハンマービームの端を天使で飾ることもあったため、またの名をエンジェルルーフとも呼ばれた。

後期ゴシック様式 *Late Gothic*

後期ゴシック時代、屋根材として鉛が一層普及し、それまでよりも格段に平らなラインの屋根を作ることが可能になった。またパラペット（防御壁）を配すると地表からさらに屋根が見えにくくなり、外側は箱のようなシルエット、内側からはほぼ平らに見える屋根構造になった。透かし細工のパラペットはとりわけ人気が高かった。空を背景にドラマティックなシルエットが浮かんだからだ。狭間を備えたパラペットは城壁に使われるのが普通だったが、騎士道精神を表すものとしてこれも大流行した。騎士道精神は中世後期の芸術と建築のいたるところに浸透している。マナーハウス（領主館）、はては教会まで銃眼つきの胸壁で装飾されたくらいだ。

屋根の形の変化 Changing roofline

後期ゴシック時代にそれまでよりぐっと平らな屋根が流行すると、もともとついていた急勾配の屋根を改装する教会も増えた。図では、後に作られた平らな屋根の下に、傾斜がきつい本来の破風のラインを見て取ることができる。

アーチブレース Arch braces

外部から見た屋根の形が平らになると、屋内の天井も平たくなった。図は傾斜のゆるやかな屋根の内部。がっしりしたろく梁が屋根を支え、ろく梁は壁につけられたアーチブレース《湾曲腕木》が支えている。トレーサリーの小さな三つ葉模様がスパンドレル部分を飾り、アーチの下はカスプ細工になっている。

透かし細工のパラペット Openwork parapet

これはガラスをはめないトレーサリーで作った透かし細工のパラペット。後期ゴシック時代、空を背景に映えるこんなパラペットが流行した。大変複雑な模様に仕立てられることもあった。図はグロスターシャー州にある教会の例で、銃眼があり、透かし細工が施された小塔と小尖塔、ミニチュアのフライングバットレスもついている。

はね出し狭間 Machicolations

はね出し狭間(石落とし)とは、パラペット背後の平らな部分の床に開けられた狭い隙間のこと。ここから防御側は下の攻撃者に矢を射かけたり、物を投げ落としたりした。ポーランドにあるマルボルク城の騎士堂には狭間つきのパラペットがある。外側に突きだし、隅の小塔の上にはね出し狭間を構成している。

装飾的な狭間 Decorative crenellations

軍備を示す狭間を住まいに組みこむ造作は、後期ゴシック時代の重要なステータスシンボルだった。ただしほとんど軍備としての機能はなく装飾的なものだった。図のベイウィンドウには狭間があるが、攻撃されたらあっという間に下の大きな窓が破られてしまうだろう。

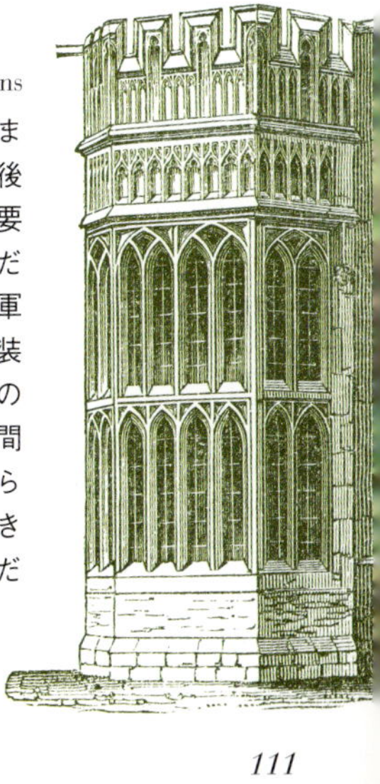

ルネサンス様式 *Renaissance*

ルネサンス時代の屋根の形は地方によって大きく異なる。特に初期ルネサンス時代はこの傾向が強い。イタリアでは古典様式を下敷きにした勾配のゆるい屋根が主流で、鍵となる形は4面が傾斜した寄せ棟屋根だった。壁と屋根のつなぎ目に配する重厚なコーニスも、イタリアルネサンス時代における屋根デザインの重要なポイントだ。フランスで流行したのは勾配のきつい屋根、北海沿岸と周辺の低地帯でとりわけ目立ったのは複雑な形の破風だった。

複数の破風

Multiple gables

小さな破風を並べる作りは17世紀の英国建築の大きな特徴だ。図はオックスフォードにある住宅で、オリエルウィンドウ（出窓）の上に破風がしつらえられている。残念ながら破風のあいだの谷は傷みやすく、後になって複数並べる形の破風は取り壊されてしまった。

複雑な形の破風 Shaped gables

凝った形に仕立てた破風は16世紀後半と17世紀の北部ヨーロッパ特有のもの。ありとあらゆる形が使われた。たとえばポーランドのグダニスクに建造された兵器庫の場合、凸凹曲線が配され、帯模様、オベリスク、上に壷をいただくとがったペディメントがつけられている。

入り組んだ組みあわせ Elaborate combinations

複雑きわまりない構造の屋根はフランスルネサンス建築の大きな特徴。シャンボール城では、急勾配の寄せ棟屋根、円錐形の屋根をいただく突き出したベイ、様々な形の小塔、ドーマー、凝った煙突が入り混ざっている。

装飾的な破風 Decorative gables

ウィルトシャー州にある広壮なロングリート館の屋根は勾配がゆるく、パラペットに隠れて見えない。ベイウィンドウの上には両脇に小さい破風をしたがえた山形の破風が配置されているが、これらは装飾のみを目的としたもので、屋根のラインのアクセントとなっている。

寄せ棟屋根 Hipped roof

ヴィラ・ジューリアは16世紀半ば、教皇ユリウス3世のためにローマに建造された別荘。四方にごくゆるやかに傾斜する寄せ棟屋根がかけられている。平べったい頂塔をいただき、屋根と壁の境目には重厚なコーニスが配されている。

バロック&ロココ様式

Baroque & Rococo

バロック時代の屋根のデザインは多くの点でルネサンスのスタイルを引きついでいる。特に目立つのが寄せ棟屋根と重厚なコーニスやパラペットで、直線的なシルエットを描きだす。凝った形の破風は人気がなくなり、地域によるヴァリエーションも減った。ただしフランスのバロック時代に活躍した建築家は、イタリアやイングランドなどで流行していた平らな屋根よりも、引きつづき急勾配の屋根を好んだ。またオーナメントがきわめて重要視されて入念な仕上げの手すりが作られ、パラペットとして使われた。この隅部には壷や彫像などでさらに装飾を施すこともあった。二重勾配のマンサード屋根もこの時代の考案である。

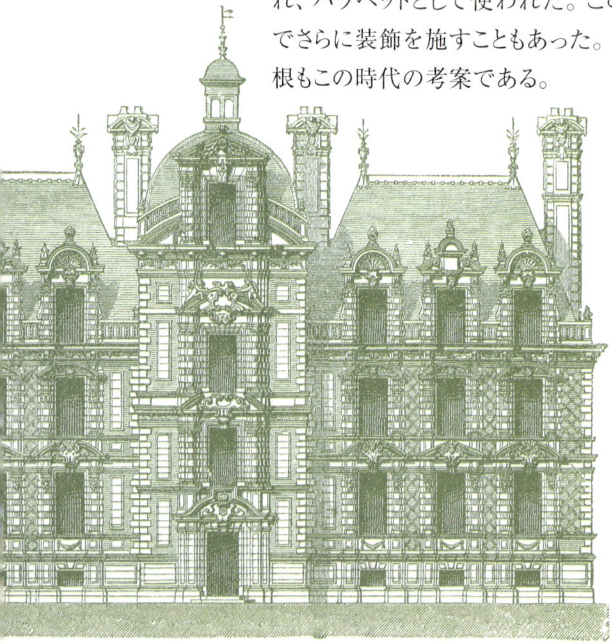

急勾配の屋根

Steeply pitched roof

17世紀中期に建てられたボーメスニル城にはひときわ目立つドーマーがついた急勾配の屋根がかけられている。これはバロック時代とロココ時代を通して終始フランスの住宅用建築物の特徴だった。傾斜する屋根の形と下方の壁があいまって、軽やかで装飾的な表情が出ている。

マンサード屋根 Mansard roof

17世紀に活躍したフランスの建築家フランソワ・マンサールが考案したといわれるマンサード屋根は4面が2段階に傾斜している。下の傾斜はかなり急で垂直に近いが上部は勾配がゆるい。下部にはドーマーがつけられるのが普通で、屋根の中にもう1階分のスペースが作られている。

バラスターつきパラペット

Balustraded parapet

ロンドンはグリニッジに立つクイーンズハウス(1615-37)の屋根はバラスターつきパラペットで完全に隠れている。花瓶形のバラスターは階段用としても人気が出はじめていた。ゴシック時代の透かし細工と同じく、空を背景にしたパラペットの印象を軽やかにする効果がある。

コーニス Cornice

装飾的なコーニスは屋根と壁の境を飾る目的に使われた。突きでたひさしを飾る役目のほか、クリストファー・レン卿設計のロンドンにあるセントベネット教会(1683)のように、壁に視覚的な区切りをもたらす効果がある。

手すりと壷 Balustrade with urns

バロック時代、教会にもほかの建物と同じ建築的エレメントが用いられた。バーミンガムにあるセントフィリップ大聖堂(1709-15)の屋根は手すりの後ろに隠れ、コーナー部は装飾的な壷で強調されている。ドーム基部には重厚なコーニスも配されている。

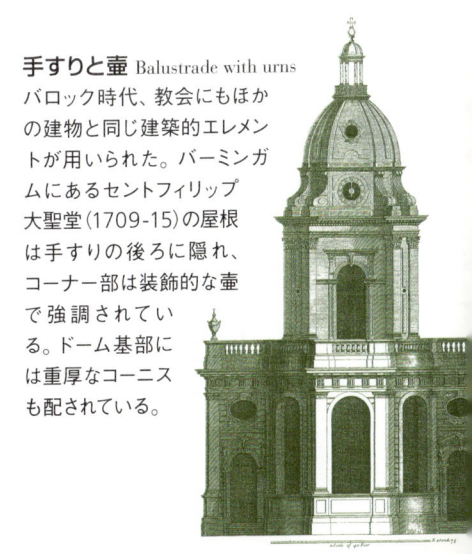

新古典様式 *Neoclassical*

新古典主義時代の特徴は、昔の建物をくわしく観察して復活させた古い様式で、ポルティコがついた神殿風の作りが公共建築物用に大流行した。それればかりか住宅まで神殿風に仕立てられることもあった。古代ローマ時代のように大きく平らな屋根と組みあわせる場合が多かったが、ギリシャ神殿そのままの形式も使われた。パラディオ様式の建築では寄せ棟屋根がさかんに使われ、クーポラ、または手すりで囲んだ中央天窓と合わせる仕様もよく見られた。寄せ棟屋根は住宅建築の基本的な特徴でもあった。またモディリオン(渦巻形持ち送り)つきのがっしりしたコーニスも新古典主義の重要な側面である。

ギリシャ式の勾配屋根 Greek-style pitched roof

ミュンヒェンのグリプトテーク(ギリシャ語で“彫刻ギャラリー”の意、1816-30)は、もともと美術館として建てられたごく初期の建築物。ペディメントつきのイオニア式ポルティコとギリシャ風の勾配屋根を乗せた神殿風の建物を中央に据えて 2 つの翼棟ではさんである。翼棟はやや背が低く、先立つイタリアのルネサンス様式がベースになっていて、低い屋根はパラペットに隠れて見えない。

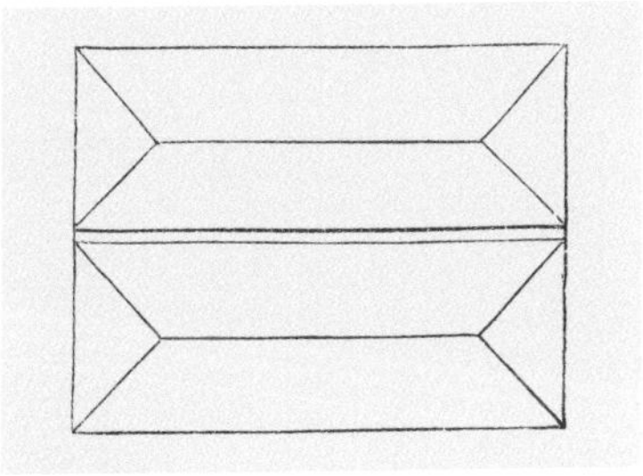

谷屋根 Valley roof

雨を排水するため十分な傾斜を確保しつつ低い屋根を作るため、谷屋根（M形屋根）がよく使われた。M形屋根は並んだ低い屋根の中央が谷間となるような作りで、パラペットの後ろに隠しやすかった。

寄せ棟屋根 Hipped roof

図は18世紀に作られた米国の住宅。4面すべてが傾斜する寄せ棟屋根が乗せられ、正面には小さなドーマー、両脇に大きめのドーマーがつけられている。突きだしたひさしはモディリオンつきのコーニスが支え、2つならぶ組み合わせ煙突が屋根の棟《むね》のアクセントに。

モディリオンつきコーニス Modillion cornice

モディリオンとは本来渦巻形持ち送りのことで、縦ではなく横方向に使われる。持ち送りと同じく、外見上の屋根の支えにする。モディリオンにはさまれた平らなスペースは図のように円花飾りで装飾することが多い。このコーニスはさらに卵鏃模様、玉縁、歯飾りつきモールディングが組みこまれている。

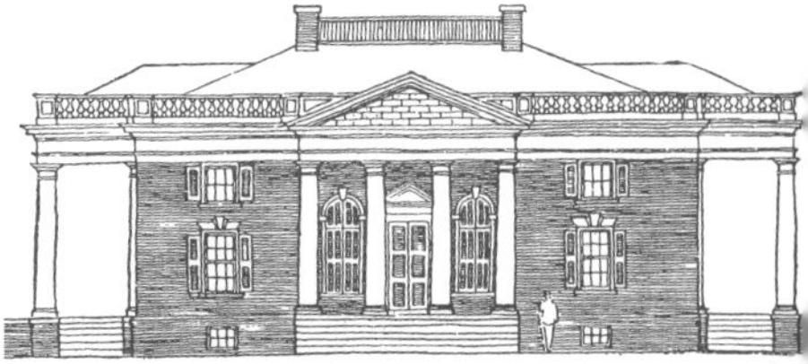

手すりで囲まれた天窓 Balustraded roof light

19世紀初期にヴァージニア州に作られた住宅。寄せ棟屋根の中央に手すりつきの天窓があり、階段室上方の中心的なインテリアスペースに明るい日光が差しこむ。両側はポルティコの上に屋根と手すりが突きだす作りで、ギリシャ神殿に似せたスタイル。

ヴィクトリア朝&現代様式

Victorian & Modern

ここ200年ほどで屋根の形は大きく変わった。19世紀(ヴィクトリア朝)復興様式は、不規則さとヴァリエーションを特に重視するピクチャレスク運動がおおよそのベースになっているため、屋根の形も非常に複雑になった。地表から屋根が見えない高層建築が建てられるようになると、まず所せましと装飾を施したコーニスが使われはじめ、後に平らな屋根が採用されるようになる。20世紀には平らな陸屋根が住宅などの建築物にも普及し、現代様式の重要な要素となった。しかし20世紀後半に起こったポストモダニズムによって複雑な形の屋根が復活する。

張り出したコーニス Projecting cornice

米国はボストンに建てられたエイムズビルディング(1889-93)は当時指折りの高層建築だった。そのトップには重厚なコーニスが配され、実際の屋根を見せなくても上部に堂々たる存在感をもたらしている。モデルはイタリアのルネサンス様式の建物。

急勾配の屋根 Steep roof

これは19世紀中期にフランスのリヨンに建てられた証券取引所。背の高い急勾配の屋根はフランスルネサンスとバロック様式を復活させたもの。ただし―― 19世紀の多くの建物に共通するように――実際はオリジナルの様式が展開されていた時代に作られたものよりも、すべてにおいて大きく複雑で手がこんでいた。

コテージオルネ *Cottage orné*

19世紀初期に建てられた絵画的な美しさを尊重するコテージオルネ。2種類のドーマー、端の複雑な隅棟《すみむね》、装飾的な煙突を持つ入り組んだ形の屋根がデザインの中核となっている。形のヴァリエーションが装飾的、そして 絵画的《ピクチャレスク》な表情を醸しだしている。

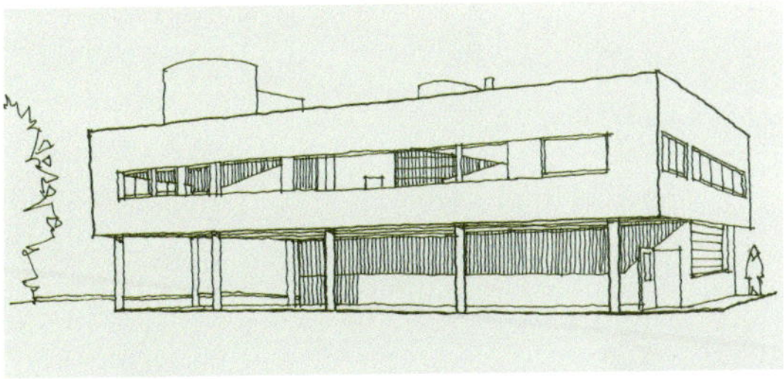

平らな屋根 Flat roof

とりわけ20世紀の現代建築特徴づけるものといえば、何よりも機能に重点を置く箱形だ。平らな屋根もその1要素。フランスはポアッシーにあるル・コルビュジェ設計のサヴォア邸はモダニズム運動の要となる建物で、すっきりしたラインの大部分を形作るのが平らな屋根だ。

装飾的な形の屋根 Decorative roofline

超高層建築は背が高すぎて屋根が見えない。20世紀後半、建築家は初期に流行した平らな屋根から離れ、図の巨大なブロークンペディメントのようにきわめて装飾的な屋根を作りあげた。この流れを表すもう1つの例がロンドンにそびえる先細りのビル、“ガーキン”である。

VAULTS

ヴォールト

イントロダクション *Introduction*

ヴォールトはアーチを連ねたような曲面によって内部空間をおおう構造のこと。はるか昔に考案され、古代ローマや初期キリスト教時代、ビザンチン時代の建築物によく利用された。ロマネスク時代になるとヨーロッパ西部で再びその価値が見いだされ、ゴシック時代に尖頭アーチが発明されたことではるかに大きく複雑な作りのヴォールトの建設が可能になった。とりわけ教会ではヴォールト天井がよく使われた。天の蒼穹の象徴となり、耐火性もそなえていたためである。強度があるのでセラーや聖堂地下室、クリプト（地下祭室）に活用され、地上の構造を支える役目を果たした。

ゴシック様式のリブヴォールト

Gothic rib vault

リブヴォールトの各セクションの縁にはその名の由来となったリブがつけられ、安定性が増した。図は13世紀にドイツはケルンに作られた聖ゲレオン教会。このヴォールトのように、リブヴォールトはゴシック様式の大きな特徴だった。ここでは壁の細い柱身からのびたリブがヴォールトを構成し、まるで優雅に広がる天蓋のような印象を与えている。

古代ローマの半円筒ヴォールト

Roman barrel vault

最初に大規模なヴォールトを作ったのは古代ローマ人だった。一方向にのみカーブする半円筒ヴォールトで、紀元前100年頃にポンペイの浴場にあったテピダリウム（微温浴室）が元祖。ヴォールトを装飾するフレスコ絵は壁にも続いている。

初期キリスト教様式のドーム

Early Christian dome

ドームは一種のヴォールトで、直線軸上ではなく円形に壁面を展開させたものだ。これは初期キリスト教時代、ローマに作られたキリスト教会（350年頃）のサンタ・コスタンツァ聖堂の断面図で、ドームのアーチ形がはっきり見て取れる。周囲の側廊には半円筒ヴォールトがある。

ヴォールトのあるクリプト Vaulted crypt

交差したアーチから構成されるヴォールトはきわめて堅牢で、クリプトなど下階を強化するためによく使われた。グロスター大聖堂（1100年頃）では、ロマネスク様式のクリプトに配されたずんぐりしたピアと太いアーチ上の内陣を支えるのに役立っている。

ヴォールト天井 Vaulted ceiling

ルネサンス時代とバロック時代、建築家は伝統的な重い素材ではなく、木摺とプラスターでヴォールト天井を作ろうと試みた。この手法だと大きなスパンになめらかなカーブのヴォールト天井をかけることができる。図の18世紀にロンドンはピカディリーに建てられたセントジェームズ教会もその例。

半円筒ヴォールト&交差ヴォールト

Barrel & Groin

半円筒ヴォールトは建物全体を1つのカーブ面がおおう構造になっている。古代ローマ時代によく使われ、通常は丸いカーブだが尖った形のものもある。ゴシック時代になるとリブヴォールトが普及して半円筒ヴォールトは廃れてしまうが、ルネサンス時代にギリシャ・ローマ古典時代を思わせるものとして再流行した。半円筒の主ヴォールトと直交するようにヴォールトを足すと交差ヴォールトができ、各セクションにクリアストリー窓をつけられる。交差ヴォールトの名は、2つのヴォールトが交わるときにできる交差線に由来する。ただしリブヴォールトと違ってリブで補強はされていない。

ベイ(柱間)の定義 Bay definition

半円筒ヴォールトも交差ヴォールトも、ヴォールトの縦軸に対して直交するアーチによってベイという区画に区切られることが多い。このアーチには安定性をもたらす役目のほか、視覚的にヴォールトを分断する効果もある。ロマネスク時代にフランスはヴェズレーに建てられたサンペール教会のアビーチャーチでは、交差ヴォールトのベイが作りだすリズム感が、アーチを支える突きだした柱身によってさらに強調されている。

格間のある半円筒ヴォールト

Coffered barrel vault

ローマにあるバロック様式の聖ペテロ教会は、コンスタンティヌス皇帝が建造した教会を建てかえたもの。古代ローマのモデルを再解釈した半円筒ヴォールトがある。たくさんの格間で装飾し、クリアストリー窓をつけることでヴォールト上部の採光がよくなっている。窓がなければ内部はかなり暗くなってしまうはず。

横断アーチ

Transverse arch

図はローマの半円筒アーチ。ヴォールト自体の連続カーブが、複数の横断アーチによって支えられているのがわかる。横断アーチを側廊アーケードのピアから立ち上げることで柱の下部には厚みと安定性が加わり、アーケード上の蛇腹層が水平方向の区切りをもたらしている。

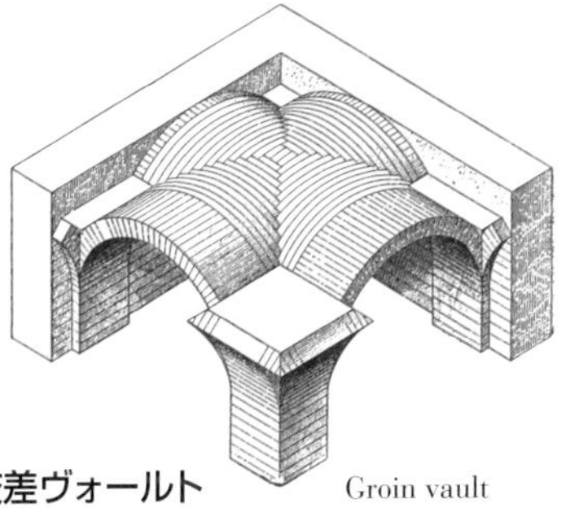

交差ヴォールト

Groin vault

上から見ると、コンスタンチノープル（イスタンブール）のハギアソフィアの交差ヴォールトの作りがよくわかる。2 つの半円筒ヴォールトが交差し、交差部ではヴォールトの中央軸に対して 45 度の角度でカーブ面がくびれていく。交差ヴォールトによって各セクションに開口部を増やすことが可能になった。

迫　枠 Centering

図のようにヴォールトはもともと迫枠《せりわく》という木製の仮枠の上に建設された。迫枠は完成状態のヴォールトの下側と同じ形で、ヴォールトの石材（ここでは端を支えている）を上から迫枠に重ねていく。ヴォールトが完成したら迫枠を取り外してヴォールトのみを残す仕組みである。

リブ *Rib*

12世紀初期、交差ヴォールトの交差部分にリブをつけることで構造を強化できることに石工が気づいた。ゴシック様式はリブヴォールトが大きな特徴だが、この発見によってゴシック様式の基礎ができたともいえる。同時期に尖頭アーチが取りいれられ、さらにリブヴォールトの建築的な可能性が広がった。尖頭アーチは半円アーチよりも幅の増減が簡単なので、ヴォールトの形も柔軟に変更できたためだ。13世紀からは装飾的なリブが加えられるようになり、ヴォールトはさらに複雑さを増した。

統一感を出すリブ

Unifying rib

図はイタリアのミラノにある中世後期に建てられた大聖堂。高く上にのびる内部に統一感を出しているのがリブヴォールト。リブにはヴォールト表面から視線をそらす効果がある。またそれぞれ身廊のピアからのびる細身のリスポンド柱身がそのままリブに続き、軽やかな印象のヴォールトと拱廊(アーケード)を視覚的に結びつけている。

六分ヴォールト Sexpartite vaulting

ヴォールトのベイそれぞれが交差するリブによって6分割されるものを六分ヴォールトという。12世紀後期に建てられたカンタベリー大聖堂の身廊もその例だ。一方で側廊は各ベイが4分割される四分ヴォールトが使われている。四分ヴォールトはゴシック時代初期に一番多く作られたヴォールト。

棟リブ Ridge rib

1260年頃に建築されたロンドンのウェストミンスター寺院のヴォールトは、カンタベリー大聖堂よりもはるかに複雑だ。中央の棟は棟リブによってさらに印象が際立っている。窓の上にもリブが配され、またほかのリブも中間リブを加えて数を増やしてある。こういう中間リブはティエルスロン（枝リブ）と呼ばれる。

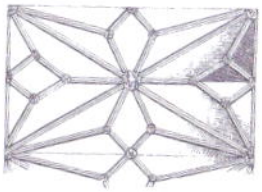

リエルヌ（枝肋）ヴォールト Lierne vaulting

補助的に加えるティエルスロンに装飾的な可能性を見いだした中世後期の建築家は、さらにリエルヌリブを考案した。これは2つのリブを結びつける純粋に装飾的なリブだ。構造上の役割はないが、複雑なネットヴォールトの建造に利用される。図は1350年頃に建てられたブリストル大聖堂。

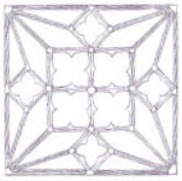

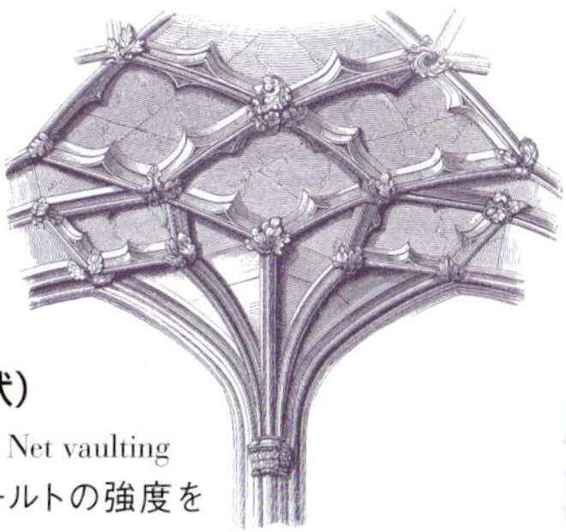

ネット（網状）ヴォールト Net vaulting

リブはヴォールトの強度を上げる効果があるが、厳密には必要ではない。中世の終わりにはヴォールトのリブはほとんど装飾的なものになった。このネットヴォールトは1443年頃に作られたものでブリストルのセントメアリーレッドクリフ教会にある。カスプつきの格子を使って長い四つ葉飾りの壮麗な表面パターンを構成している。

リブの構造 *Rib Construction*

ヴォールトのリブは構造には分類されないが非常に重要なもので、圧力が加わる部分を厚くすることで補強する役目がある。各ヴォールトの頂点では、リブの端部にある要石(突起装飾、ボス)が上部構造にまんべんなく等しい圧力をかけることでヴォールト全体を固定している。突起装飾は彫刻で装飾することが多い。適切に建築すればヴォールトの安定性はきわめて高く、一部が損なわれてもくずれない。ただし作りに不備があって支えが不十分だと簡単に崩壊してしまう。

くずれたヴォールト Broken vault

ヴォールト構造は一部が壊れたりくずれたりしても立っていられる。図はスコットランドの14世紀後半に破壊されたメルローズ修道院。ヴォールトのほかの部分はなくなっているのに、リブと横断アーチの強度が高かったためここだけ倒れずそのまま残っている。ただし構造的に必要なのは対角線リブのみ。交差する細いリエルヌリブとティエルスロン、それにヴォールト尾根の棟リブは純粋に装飾的なもの。

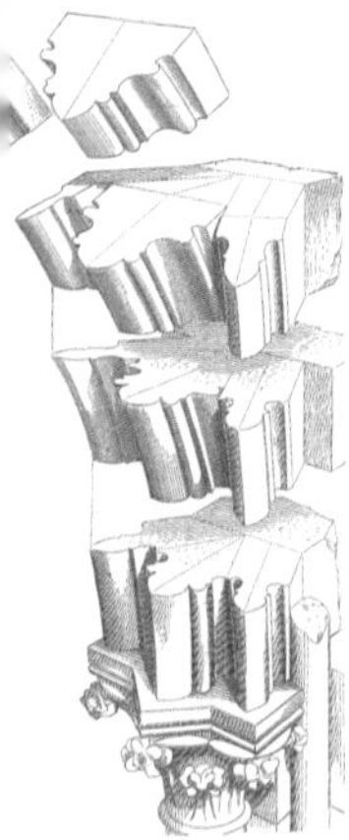

タ・ド・シャルジュ

Tas-de-charge

ヴォールト起拱《ききょう》の下部ブロック、すなわちタ・ド・シャルジュにはリブがすべて組みこまれている。上のブロックになるほどリブの傾斜が増し、湾曲することでリブ自体の構造が安定する。大きなブロックには細いモールディングがつけられている。

ヴォールトのウェブ Vault webbing

リブと同じく、リブとリブのあいだのウェブ部分は斜めに連なる作りにする。荷重が下方ではなく、隣あうブロック同士にかかるようにするためだ。図はドーセット州にあるシャーボーン城の壊れたヴォールト。頂点部のブロックも交差するように配されているのがわかる。

ヴォールトのリスポンド

Vault responds

ヴォールトのリブは構造的なものでも、リブを下のピアにつなげる柱身またはヴォールトのリスポンド(壁つき柱)の主な役目は装飾だ。とはいえ、13 世紀にパリのノートルダム寺院に作られたリスポンドのように、細長いヴォールトリスポンドには、ヴォールトを視覚的に下の構造につなぎとめる効果がある。

要石の彫刻 Sculpted keystone

このフランスはランにある建築の天使のように、ヴォールト中央の要石は彫刻で装飾することが多い。しかし要石にはヴォールトのリブを固定する重要な構造上の役目もある。要石はどのリブにもうまく組みあうように切削され、リブ同士が押しあう作りになっている。

バットレス *Buttress*

ヴォールト構造は外側に向く大きな圧力を下の壁にかけるため、バットレスという補助的な支えが必要になる。半円またはシンプルな交差ヴォールトをいただくローマおよびロマネスク様式の建物では、キーポイントで壁を厚くするピラスターバットレスで補強するのが普通だ。しかし、特に背の高いリブヴォールトの巨大な重量を支えるには不十分だった。フライングバットレスは独立したアーチを加えてヴォールトの一番弱い部分を補強するもので、ゴシック時代に考案された。特にフランスではゴシック式大聖堂のエクステリアに配され、装飾的な役割も大きい。

フライングバットレス Flying buttress
13 世紀に建築されたフランスのアミアン大聖堂。外側のフライングバットレスによってウェディングケーキのような形になっているが、これはゴシック時代の特徴でもある。アーチ形フライヤーと同じく、フライングバットレスはヴォールトを支えるために一番大きな荷重がかかるポイントに配され、ヴォールトからの推力をバットレスに伝える。

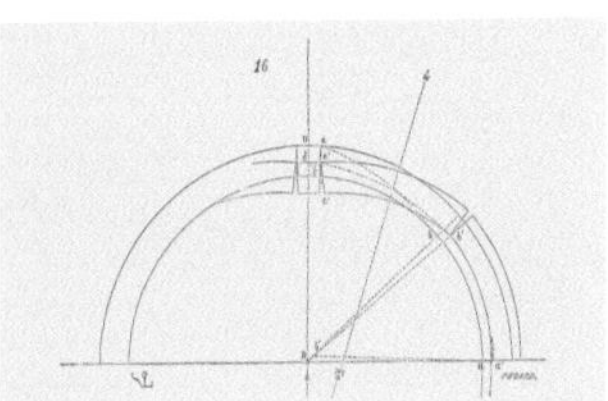

ヴォールトの応力点 Vaulting stress points

ヴォールトで一番負荷がかかるポイントは頂点と垂直壁に変わる迫腰《せりごし》だ。作りが適切ならば下方にかかる負荷はヴォールトのカーブを経由して壁に伝わる。図で示すように不備があると崩壊してしまう。

アーチ形フライヤー Arched flyers

アーチ形フライヤーはもともと構造的に安定性が高い。これを利用し、ヴォールトでは外側に一番圧力がかかる部分にフライヤーを設置する。フライヤーはヴォールトに向けて傾く形になっていて、推力の一部をバットレスの石構造自体に伝える効果がある。

ピナクル Pinnacle

図はフライングバットレスに乗せられた背の高いピナクル(小尖塔)。建築の全体的な外観に高い装飾効果がある。ただしフライヤーとバットレスの接合部という要の部分に大きな重量をかけて、構造を安定させる役目も持っている。

ピラスターバットレス Pilaster buttress

ヴォールトがない場合でも、壁を補強する目的にバットレスを使うことがあった。これはラトランドシャーのマントンにある英国教会。ヴォールトのない建物の破風をピラスターバットレスが補強している。下方に向けて段階的に厚くし、壁基部の安定性を高めている。

ファン *Fan*

ファン(扇形)ヴォールトは特に英国で用いられた形式で、15世紀にリエルヌヴォールトとネットヴォールトの複雑なパターンから発展した。ファンヴォールトのパターンは壁や窓のトレーサリー紋様をヴォールトまで続けたものでインテリア全体が統合される。ファンヴォールトは繊細極まりないように見えるが、裏の大きなリブが支えていて、コノイドという円錐形のファンが互いに押しあうことでヴォールト全体を固定している。垂れ飾り(ペンダントドロップ)の造作にも驚嘆させられるが、これも全体的な基本構造によってしっかり固定されている。

ブラインドトレーサリー
Blind tracery

ファンヴォールトにしつらえられたブラインドトレーサリーの同心紋様はファンの形をくり返したもので、窓と壁下部のブラインドアーケードにはめこまれたトレーサリーを引きついでもいる。ケンブリッジに立つキングズカレッジチャペルのヴォールトは、おそらく英国一有名なファンヴォールトだろう。

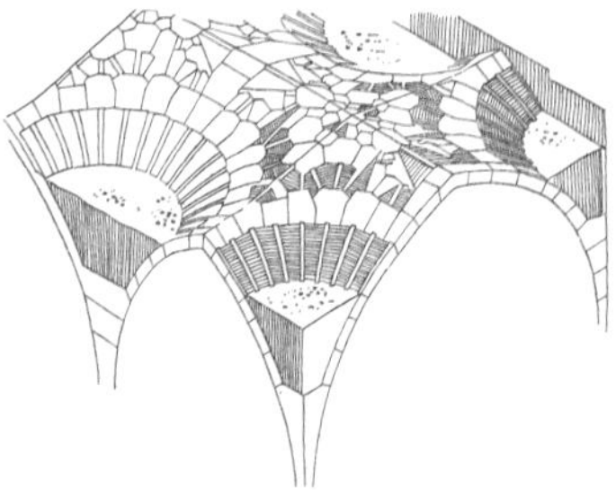

起拱点の拡大 Enlarged springing

ファンヴォールトはもともと狭いスペース――1470年頃に建築されたグロスター大聖堂の埋葬所や回廊など――に使われていた。おそらく構造上の安定性が懸念されたためだろう。図の例では、通常のヴォールトで使われる起拱《ききょう》点を大きく広げてファンを形作ったことがよくわかる。

ファンヴォールトの構造 Fan vault construction

リブヴォールトの構造は外から見えるが、ファンヴォールトの構造は内部に隠れている。図はドーセット州のシャーボーン修道院の内部図。身廊のヴォールトを見ると、外側からは見えない大きなリブにファンが支えられているのがわかる。

装 飾 Ornamentation

ペンダントファンヴォールトは、鍾乳石を思わせる豪華きわまりない印象を与える。大きな石造構造は部分的に巨大な横断アーチに支えられ、カスプなどのオーナメントにおおわれており、幻想的なまでの印象を醸しだす。ロンドンにあるウェストミンスター寺院の、ヘンリー7世チャペルもその例。

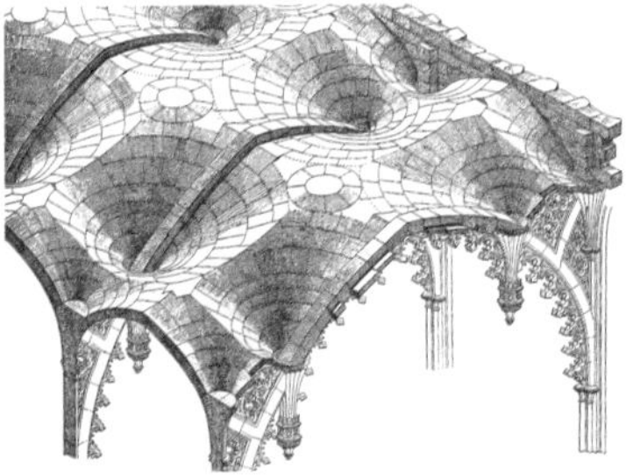

ペンダントヴォールト Pendant vaulting

図はロンドンにあるウェストミンスター寺院のヘンリー7世チャペル。ヴォールトの内部に大きな構造的アーチがあるのがわかる。垂れ飾り（ペンダント）は表側に突きだした円錐形のコノイドから下がっているように見えるが、よく観察すると実はこのアーチの構造の一部になっている。

DOMES

イントロダクション *Introduction*

ドーム

ドームはヴォールトの１種で、アーチを360度回転させた形状を持つカーブした屋根構造のことだ。円形や楕円形のほか多角形のドームもある。建物の外側に作られるのが普通で、空を背景にすると堂々たるシルエットが浮かび上がる。ヴォールトと同じく古代ローマで考案され、初期キリスト教建築とビザンチン建築では重要な役割をになった。ルネサンス時代に復活してさらに発展し、新古典建築の鍵となる要素でもある。20世紀には新しい建材を使ってスポーツアリーナなど広大なスペースにドームをかける試みが始まっている。

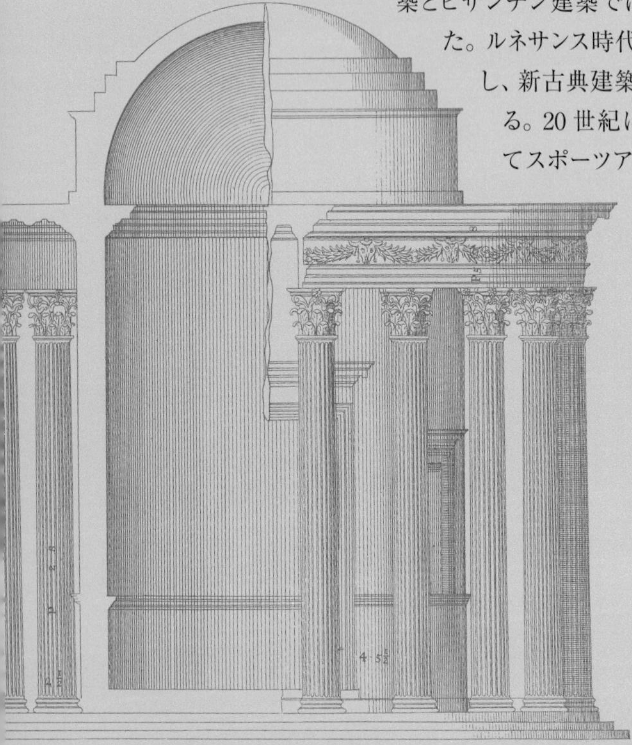

古代ローマのドーム

Roman dome

古代ローマ建築ではよくドームが使われた。また後の建築家もローマ風の雰囲気を出したい場合にドームを利用した。図はティヴォリにあるウェスタ神殿（紀元前１世紀頃）を再構成したもの。小づくりなドラムの上には、ローマ時代に見られる典型的な浅い皿状ドームが乗せられている。

初期キリスト教時代のドームつきバシリカ

Early Christian domed basilica

初期キリスト教建築とビザンチン建築の特徴として、いくつもの棟を集めてその上にドームをかける作りがあげられる。ギリシャはテサロニキに立つ（780年代）聖ソフィア教会もその例だ。低い後陣がいただく円錐形の屋根は表面が平らなためドームではないが、集中式の建築物を構築するのに役立つ。

ルネサンス時代のドーム

Renaissance dome

ドームはルネサンス時代とバロック時代の教会の特徴の１つでもあった。中央交差部分の上にドームをかけるのが普通で古典的な神殿の表構えと組みあわせることが多かった。図のヴェネチアにあるアンドレーア・パッラーディオ設計イル・レデントーレ聖堂（1577-92）もその一例だ。荘厳な印象を醸し出しており、どっしりした感じがゴシック建築とは対照的。

ドームのシルエット Domed silhouette

ドームは空を背景にすると荘厳な印象を与える上、建築物の中心部に巨大なロトンダを作る際にも使われる。ワシントンDCの米国連邦議会議事堂もその例だ。内部照明はランタンと、ドーム円筒部の柱に隠されたクリアストリー窓からの光を使う。

曲線が続く屋根 Continuously curved roof

1999年、2千年期を迎える祝賀に建築されたロンドンのミレニアムドームは、世界で一番大きな曲線が続く屋根を持つ。テフロンでコーティングしたファイバーグラス製ファブリックで作られていて、内部に支持材があるため専門的にいえばドームではないが、外観はローマの皿状ドームとよく似ている。

構造 *Construction*

ごく初期のドームは円形または多角形の建築物にかけたもので、基本的に壁を上方内側へのばした構造になっている。ビザンチン時代、曲線を描くドームと四角い建物にはさまれたスペースを、ペンデンティヴという三角形の構造で埋める方法が考案された。古代ローマ、初期キリスト教、ビザンチン時代のドームはコンクリートまたはレンガ製のシングルシェル構造だが、ルネサンス時代になるとダブルシェル構造のドームが可能なこともわかった。これによってドーム外殻は格段に大きく、そびえたつフォルムになった。

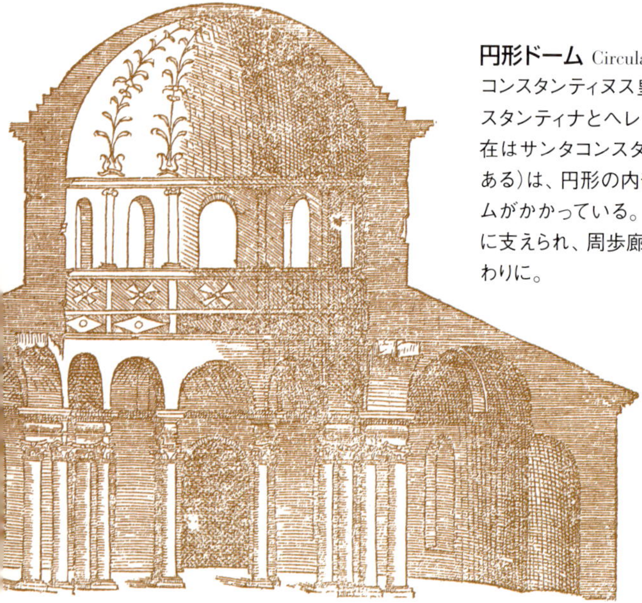

円形ドーム Circular dome
コンスタンティヌス皇帝が350年頃に娘のコンスタンティナとヘレナのために作った霊廟（現在はサンタコンスタンツァといわれ、ローマにある）は、円形の内部スペースの上に円形ドームがかかっている。ドームはアーケード上の壁に支えられ、周歩廊の分厚い壁がバットレスがわりに。

シングルシェルのドーム

Single-shelled dome

これはローマのパンテオン断面図。シングルシェルのドームではドーム内側と外側の形状が密接に関係しているのがわかる。内側から見ると半円形だが、シェルの厚みのせいで外側ははるかに平たい皿状だ。

ペンデンティヴ Pendentives

ビザンチン時代、球面三角形を用いて四角い建物のコーナー部と丸いドームの橋渡しをする方法が考えだされた。この三角形をペンデンティヴといい、バシリカ中央にドームをかけることが可能になった。コンスタンチノープル(イスタンブール)のハギアソフィアもその例だ。

スキンチ Squinch

スキンチはペンデンティヴよりも洗練されていないが目的は同じで、四角いスペースと多角形または丸いドームの隙間を埋めるためのもの。ペンデンティヴのなめらかな曲線とは違い、スキンチはコーベルまたは小さいアーチで構成されている。

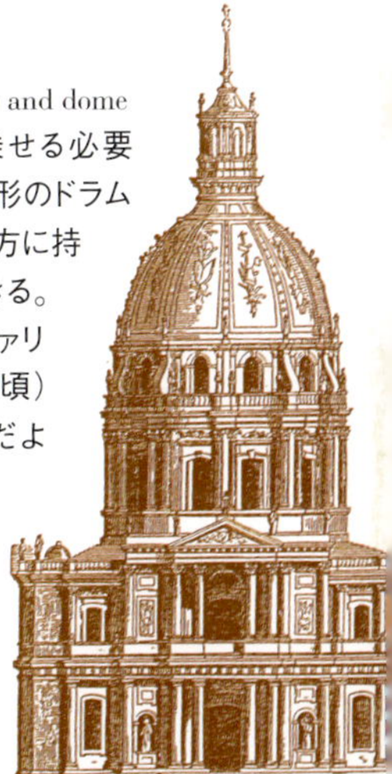

ドラムとドーム Drum and dome

ドームは直接屋根に乗せる必要はない。背の高い円筒形のドラムを使い、教会屋根の上方に持ちあげて作ることもできる。こうするとパリのアンヴァリッド教会(1680-1720頃)のように脚柱をはさんだような効果が出る。ドラムを使うと高さが増し、内部に光を取りいれるクリアストリー窓をつけるスペースが取れる。

シンプルなドーム *Simple*

どのドームにも共通する特徴は、上から見ても横から見てもカーブが続く表面だ。一番シンプルなドームはアーチを円状に回転させた形だ。この枠の中で曲面を様々にアレンジすることもできる。ベースのアーチと同じく、半円や尖頭、オジー形も可能だが、頭頂部を作らずに弓形または皿状ドームにする場合もある。円筒形のドラムに乗せてスティルテッドドームにする、または上から見たラインを変えて楕円形ドームにすることもできる。

皿状（ソーサー）ドーム

Saucer dome

頭頂部に飾りのない、皿をひっくり返したような平たいドームは古代ローマ様式に一般的なタイプ。古代を連想させるためルネサンスと新古典主義時代に人気があった。ローマのフラミニア街道に立つ聖アンドレア（1550-53）もその一例で、部分的に古代ローマのパンテオンをベースにしている。

半球形のドーム

Hemispherical dome

縦長のドラムに乗せて、外形の均衡をくずすことなく完全な半球形を高くかかげることもできる。イタリアはマントヴァにあるレオン・バッティスタ・アルベルティ設計のサンタンドレア聖堂（1470年着工）もその例。頭頂部のクーポラはドームの形をミニスケールでくり返したもの。

スティルテッドドーム Stilted dome

ドラムに乗せて上げたドームとは違い、エジプトはカイロにある15世紀に作られたスルターン・バルクーク・モスクのようなスティルテッドドームは側面が真っ直ぐで、ドームのカーブからなめらかに続いている。この場合ドームはすらりとエレガントなフォルムになるが、下部のクリアストリー窓は必然的に小さくなる。

楕円形のドーム Oval dome

バロック時代には楕円形のドームが人気で、当時の特徴だった、棟が寄り集まって複雑でなだらかなラインを描く建築の重要な構成要素でもあった。ウィーンにあるカールス教会（1715-37）の巨大な楕円形ドームはやはり楕円形の身廊の上にかけられている。そのフォルムが外側の楕円形をしたオクルス窓にもくり返されている。

トリプルシェルのドーム

Triple-shelled dome

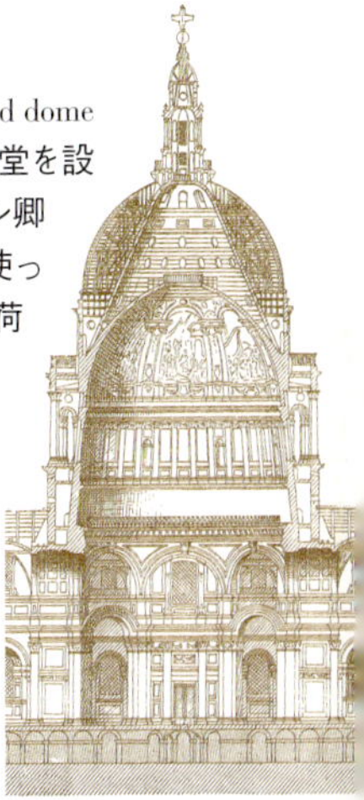

ロンドンのセントポール大聖堂を設計する際、クリストファー・レン卿はトリプルシェルのドームを使った。構造的に必要以上の負荷をかけずに外部と内部の形状のバランスを取るためである。木材と鉛を素材にしたドーム屋根とランタン（越し屋根）は、内側からレンガ製の円錐構造で支えられているが、円錐構造は小さなドームで隠されて内部からは見えない。

複雑なドーム *Complex*

アーチを回転させてできる形のシンプルなドームのほかにも、ドーム表面をいくつかに分けてさらに洗練されたフォルムに仕立てたドームもある。この場合、境界線を強調するためにリブや外側にふくらんだカーブを用いることが多い。周囲にサブドームまたはセミ（半円）ドームをつけ加えることも可能だ。このように配置するとサブドームの曲線が主ドームのバットレスがわりになるため、構造的にもメリットがある。するどくとがったオジーのような、きわめて複雑なカーブを描くドームはタマネギ形ドームの建築に利用される。タマネギ形ドームはロシア建築の特徴でもある。

多角形ドーム Polygonal dome

古い木製ドームにかわってはじめて作られた多角形ドームは、フィレンツェ大聖堂（1419-36）にかけられたフィリッポ・ブルネレスキ設計の8角形のドームである。巧みとしかいいようのない工学によりすべてレンガで作られ、多角形のエクセドラ（ドームつきの小部屋）以外バットレスがない。1461年につけ加えられたランタンも多角形。

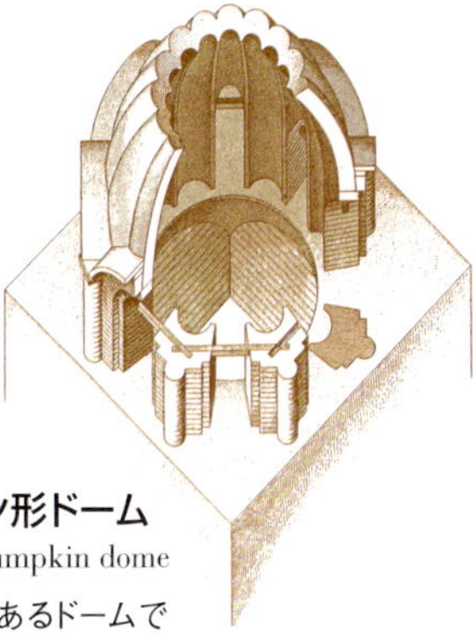

パンプキン形ドーム
Pumpkin dome

側面が複数あるドームであっても、その小面が直線的であるとは限らない。コンスタンチノープル(現在のイスタンブール)にある聖セルギウス・バッカス教会(527-36)にはパンプキン形ドームがかかっている。ドームには16のうねがあり、外側にふくらんでいるため内側からは凹型に見える。曲線を描くフォルムが窓のアーチや柱状のバットレスに反映されている。

タマネギ形ドーム Onion dome

タマネギ形ドームは形がタマネギに似ているところからその名がついた。際だつオジー形を持ち、ロシア正教会や東方正教会建築の特徴でもある。ほかのドームとは違い、建物内側のスペースとしては使われないのが普通で主な役割は外側の装飾。

尖頭ドーム Pointed dome
イスラム建築ではドームをよく見かけるが、特にモスクに使われることが多い。形も様々なものがあるが、一番有名なのは図のインドはアグラにあるタージマハル(1632-54)のような、かすかに内曲がりになった球根形だ。西欧のキリスト教会にあるドームはランタンやクーポラをつけたりするが、イスラム建築のドームは先がとがっているものが一般的。

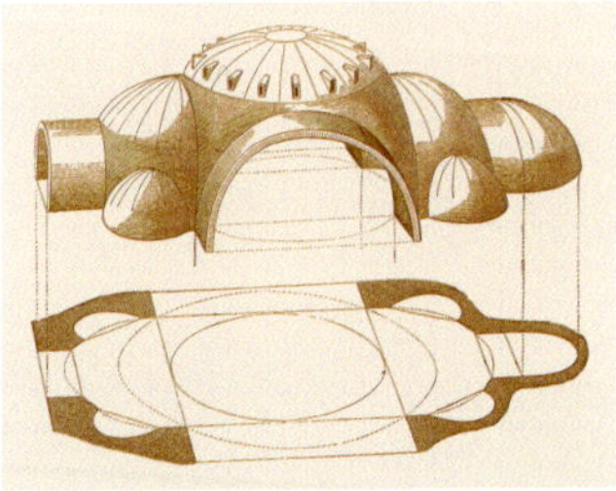

セミドーム Semidome
セミドームを加える作りは、アーチ形が持つ堅牢さをそのまま備えたドームをバットレス兼有効スペースとして活用したもの。コンスタンチノープル(現在のイスタンブール)のハギアソフィア(533-37)では中央の浅い皿形ドームの側面にセミドームつきのエクセドラ(小部屋)がつき、エクセドラにもさらに小さいセミドームが配されている。

クーポラ&ランタン *Cupola & Lantern*

たいていのドームは上にランタンかクーポラが乗せられている。これは小塔のような構造で、ドームのフォルムに洗練を加え、窓や通風口用の開口部を組みこむためのものだ。クーポラとランタンは役割が似ているが、クーポラは頭頂部に小さなドームがあり、ランタンのほうはとがった屋根がついているのが普通である。またいずれも屋根の装飾や塔の頂部としても用いられる。ランタン(ランタン塔)は教会の中央塔としても利用される。ドームに配する場合と同じく、大きな窓から建物の中央に光を入れるためだ。

多角形のランタン Polygonal lantern
図は15世紀に建造されたフィレンツェ大聖堂の頂部にある8角形のランタン。大ドームの形を引きついだランタンのフォルムが、その小面によってひときわ強調される。ドームの曲線からランタン側面の直線へうまく推移するのを助けるのが、小さなバットレスの渦巻模様。さらに球と十字のフィニアル(頭部装飾)が全体をまとめている。

8角形のランタン

Octagonal lantern

イーリー大聖堂の中央に立つ8角形のランタン塔は、十字交差部に立つロマネスク様式の塔が崩壊した後、14世紀に作り直されたもの。石材風の塗装がなされた木材で作られ、大きな窓から大聖堂中央部へと光がたっぷり差しこむ。

ベイウィンドウのクーポラ

Bay-window cupola

ドームがなくてもクーポラは単体で使われたりする。たとえばルネサンス時代、1519年に着工されたフランスのシャンボール城では、大きなベイウィンドウにかけられた円錐形の屋根にクーポラが配されているし、中央の階段塔にも小さなクーポラが乗せられている。

新古典様式のクーポラ Neoclassical cupola

手すりに囲まれたクーポラは、18世紀と19世紀初期の新古典建築の特徴。図の例は18世紀にウィルトシャー州はエームズベリーに建てられた住宅だが、この作りは米国などほかの地域でも人気が高く、階段吹き抜けやエントランスホールに光を届ける天窓がわりに。

クーポラの装飾 Cupola ornamentation

クーポラとランタンは尖端にオーナメントをつけることが多い。十字架や風見を設置する、またはシンプルに装飾的なフィニアルを配したりするが、縦方向に全体をうまくまとめあげる効果がある。図はロンドンのコヴェントガーデンにあるセントポール教会。かつてオジー形クーポラのスパイクの上に白鳥の風見がついていた。

TOWERS

塔

イントロダクション *Introduction*

大まかにいえば、塔は幅にくらべて著しく背が高い建物だと定義できる。空へ突き刺さるように伸びる塔は否が応でも注意を引き、力や権力、富などの印象を与え、城などの防御施設、宗教的建築物、市民の矜持などとも結びつけられる。塔は実用的な作りでもある。高さがあるため防戦しやすいし、土地面積を節約でき、遠くにまで音を伝えられるためだ。中世の都市や村々には所々に尖塔をそなえた教会があり、現代社会では高層ビルが都会の街並みを睥睨《へいげい》するとともに活気ある都会生活を体現している。

教会の塔 Church tower
スペインのサンチアゴ・デ・コンポステラは中世時代の重要な巡礼地の1つだった。大聖堂や教会の尖塔は周囲の建物のはるか上にそびえ立って姿を見せ、遠くから彼の地をめざす巡礼者の目印となった。

ミナレット Minaret

ミナレットという細く背の高い塔はイスラム教モスクによくある特徴だ。ペアで建てられることが多く、図のイスタンブールにあるブルーモスク（スルタンアフメト・モスク）もその1つ。上方にある柵つきの台は、イマーム（礼拝を指揮する導師）が信者を祈りに呼ぶときに使われる。

狭間胸壁つきの塔 Battlemented tower

14世紀末に作られたフランスのムアン・シュル・エーブル城（これは再現図）は一見きわめて装飾的。しかし実際は高い塔のある門楼、細い橋がかかる壕《ほり》、下部に窓がない分厚い壁、狭間胸壁つきの塔など守りを固めた構造だった。

小さくなるステージ Diminishing stages

塔を水平方向に切った断面図をステージという。上から下まで同じ幅のものが多いが、このルネサンス時代に建てられた塔のように頂上に向けて狭くなるものもある。この塔の場合、各ステージが古典様式にヒントを得たコロネードで飾られているが、構造的な機能はほとんどない。

金属フレーム Metal-framed

パリのエッフェル塔は1889年に建築され、305メートルにわずかに届かない高さは当時世界一だった。金属フレームならば天を突くような構造も支えられることを知らしめた。ただし壁のある高層建築を作るにはリフトの開発などほかの技術的進歩も必要だった。

防御施設 *Defensive*

かつて塔は防御施設として重要な役割を果たしていたが、それは今も変わらない。高所から見はりができ、攻撃してくる相手には上から銃撃できるからだ。攻めにくいようにするため分厚い壁に小さい窓をはめこむ作りが伝統的だが、大口径の大砲が発明されると守備効果が薄れた。防御施設としての塔は単独で建てられることもあれば、小塔の形で壁につけられることもあるし、入り組んだ大規模な城の一部として建築される場合もある。貴族の邸宅を建てる際も城の形式を取りいれ、無防備なマナーハウスというイメージにならないようステータスシンボルとして塔を作りつけたりした。

要塞の塔

Fortress tower

15世紀にスペインのメジナ・デル・カンポに建てられた城を見ると、防御上、塔がいかに重要かがよくわかる。城門の塔と壁から突き出す小塔からは攻撃者を撃ちやすいし、背の高いキープ（天守）は見晴らしがよく、分厚い防御壁が備わっている。

中央キープ Central keep

城は単なる塔ではない。分厚い壁、門楼、小塔などの防御設備も備わっている。ただし中央に立つ背の高いキープ(天守)は城の象徴といえる。戦いにおける最後の砦であり、城主の富と権力のシンボルでもある。パリにある旧ルーヴル城のキープもその例だ。

城　館 Tower house

住居と防御施設を組みあわせたものが城館(タワーハウス)で、分厚い壁と小さな窓を持つが防衛用の外壁はない。14世紀に建てられたラングレー城は越境攻撃が多発したスコットランドとイングランドとの境にあった。城主のみならず地元の人々の避難所としても使われたと思われる。

アイルランドの円塔 Irish round tower

独立して立つ細長い塔は中世アイルランド建築の大きな特徴だ。通常ははしごをかけて高い位置に作られた入り口に入るため、隠遁用の場所、または戦時に一時的な避難所として使われることが多かったようだ。

騎士道的形式 Chivalric style

図はポーランドにあるマルボルク城の騎士堂。窓の大きさと形式から塔の中でも階によって用途が異なるのがわかる。特に最上階にある大広間には、下階の給仕場の階よりもぐっと大きく、凝ったトレーサリー窓がはめこまれている。

教　会 *Church*

キリスト教教会には特に塔がつきもので、そびえたつシルエットを持つ教会は街や村で一番目立つ建物となった。近隣よりも大きく美しい塔で教会を華やかにしようとコミュニティ同士で競いあうこともあった。塔を建てるのは身廊と袖廊が十字型に交差する中央部か西端が多かったが、ドイツと北海沿岸の低地帯では建物の隅に塔をしつらえる作りも一般的だった。塔はロマネスクおよびゴシック時代によく建てられたが、新古典様式とゴシック復興様式の教会にも用いられた。

十字交差部に立つ塔

Crossing tower

身廊と袖廊、内陣が十字に交わる中央部は教会の中心部であり、塔によって外側にこの部分を表現することも多かった。フランスはルーアンにあるサントゥアン教会（1318年着工）もその例だ。大きな窓がついていて、暗くなりがちな内部の空間に光を導きいれる。

装飾を施された塔

Decorated tower

西側に対の塔を建てる作りはロマネスク時代とゴシック時代の大教会の特徴。フランスはカンにある12世紀に建てられたホーリートリニティー教会では、下部のプレーンなファサードとは対照的に、上部は連なるブラインドアーケードで飾られている。尖塔をはさむ小塔にもブラインドアーケードが使われている。

アームピットに立つ塔 Armpit tower

ドイツのロマネスク様式で作られた教会では、建物の“アームピット”すなわち袖廊と内陣のあいだに建てられた塔など、いくつもの小さい塔が重要な特徴となっている。図のラーハにある教会もその例だ。飾りのないブラインドアーケードのいかめしさとあいまって、まるで要塞のような印象になっている。

教区教会の塔

Parish church tower

教区または村に立つ教会の塔は地元の矜持のシンボルだった。複数の塔を持つことが多い大聖堂や大修道院とは違い、教区の教会は中央の十字交差部か西端に塔を1つだけ建てるのが普通だった。図のケンブリッジシャー州にある聖ネオト教会もその例。

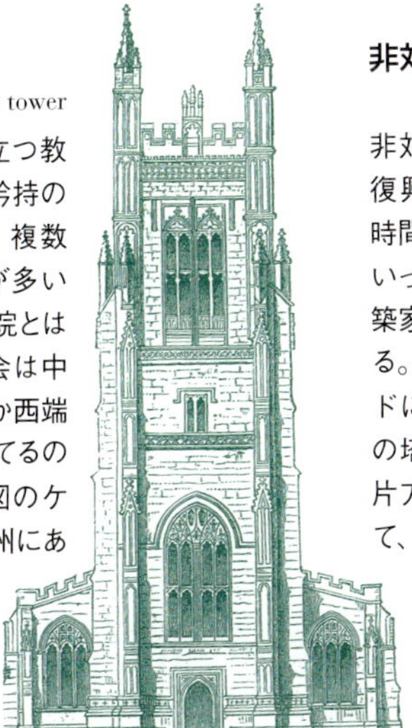

非対称の塔

Asymmetrical tower

非対称的な塔はゴシック復興様式の特徴だった。時間とともに自然にできていったように見せるため建築家が工夫をしたからである。19世紀、スコットランドに建てられたこの教会の塔は、左右対称にせず片方の隅に建てられていて、意図的に建物が不規則なシルエットを持つように仕立ててある。

鐘　楼 *Belfry*

鳴り響く鐘の音はキリスト教信仰の儀式でも重要なものだ。結婚式や葬儀、イースターなどの祝日にも鐘が鳴らされる。音が遠くまで届くように塔の一番上に取りつけた木枠に鐘を下げるのが普通だった。また鐘がおさめられる釣鐘室には窓があるが、音を外に出すためガラスがはめられていない。鐘は公の用途—危機を知らせる、時間を告げるなど—にも使われたため、多くの都市では市庁舎など公的な建物に高い鐘楼を作った。

独立して立つ塔

Freestanding tower

教会の構造の不備といえば、まずは塔の崩壊が多い。これは主に鐘を鳴らすときに起こる振動が原因だ。地盤に不安がある場合は独立した鐘楼が建てられた。12世紀に建てられたイタリアのピサの斜塔はまさに建築家の懸念が現実化したもの。大聖堂の隣で、見るからに危なっかしく塔が傾いている。

カンパニーレ *Campanile*

イタリアでは鐘楼をカンパニーレと呼び、教会とは別に建てるのが通例だ。クラッセにあるサンタポリナーレのカンパニーレ（532-49）はレンガで作られた円筒形カンパニーレでもごく初期のもの。円頭の窓は塔の上にいくにしたがって数が増える。

鐘楼の窓

Bell window

塔に作られる釣鐘室の窓を見わけるのはとても簡単。窓にガラスがなく、音が外に抜けやすくできているからだ。ただし小鳥が入りこまないようにルーヴァーがつけられる場合が多い。図はノーサンプトンシャー州にあるキングズサットン教会。

鐘吊小塔 Bellcote

中には鐘を下げる塔を建てるような余裕のない教会もある。そのため破風の上に鐘を釣る小さい塔を作ることもあった。破風の中にアーチを仕立てる作りが多く、通常は1つまたは2つだけ鐘をつける。

公用の鐘楼 Civic belfry

鐘は宗教的な用途のほかにも、時を告げる、危険を知らせるなどの公的な目的に使われた。図はブリュージュにある鐘楼。中世後期のベルギーやフランドルでは、このように非常に背が高い公用の鐘楼が多く作られた。19世紀にもロンドンのビッグベンやフィラデルフィアのタウンホールなど鐘楼を模した建築物が登場した。

尖塔&尖り屋根 *Spire & Steeple*

塔の上には細長くとがった尖塔または尖り屋根をつけることが多い。尖塔をつけると高さが増し、外観的にも先端部のおさまりがよくなる。尖り屋根(スティープル)は段階的に細くなり、尖塔(スパイア)はなめらかな傾斜を描くとする文献もあるし、尖り屋根を"塔"のかわりに使い、とがった尖端を持つ構造を尖塔と呼ぶ本もある。しかし実際はどちらを使ってもさほど変わりはない。尖塔は石材で建築するか、木材で作って鉛またはこけら板などの屋根葺き材をかぶせることもある。形は円錐形、ピラミッド形、多角形など様々だ。

段階的な建築 Phased construction

尖塔は建築費用がかかるため、1度に1つずつ作られることも多かった。フランスのシャルトル大聖堂では、南(右側)の尖塔が12世紀末に、北の尖塔が16世紀初期に建てられた。南の尖塔は木材に鉛のカバーをかけたものだが、北の尖塔には石材の土台が使われており、建築技術の進歩がうかがえる。

ニードル尖塔 Needle spire

細くて非常に背が高い尖塔はニードル尖塔と呼ばれることが多く、イングランドのゴシック式教会や大聖堂の特徴でもある。木材で建築し、鉛をかぶせる作りが普通だ。図は14世紀にイングランドに建てられたソールズベリー大聖堂。十字交差部に石製の高い塔を作り、その上に尖塔を立てているためさらに高さが増している。

フレーシュ *Flèche*

フランスのゴシック式教会の中央を飾ることが多い、すらりと細くとがった尖塔をフレーシュという。フレーシュはフランス語で“矢”を表す言葉だ。鉄材または木材で作って鉛でおおうのが普通で、それまでの尖塔よりも軽量な作りになる。中央塔に尖塔を組みあわせるイングランドの教会とは違い、フレーシュには土台となる塔がないのが一般的。

ロココ様式の尖り屋根

Rococo steeple

尖塔のうねる曲線は典型的なロココ様式で、シェル形の持送りなど古典様式のモチーフをさらに柔軟に解釈して使っている。グラーツにあるオーストリアタウンチャーチ(1780年頃)には時計がはめこまれ、鎧戸のついた窓からは釣鐘室の音が外に響く。

新古典時代の尖り屋根

Neoclassical steeple

新古典時代になっても尖塔の人気はおとろえず、柱やオベリスク、壷など古典主義にヒントを得たディテールが装飾に使われた。18世紀に出版されたイングランドのデザイン書は後の米国の建築家に影響を与え、その中の1人であるイシエル・タウンはコネティカット州はニューヘーヴンのセンターチャーチ(1812-14)を設計した。

小塔＆小尖塔 *Turret & Pinnacle*

小塔（タレット）は文字通り小さい塔のことで、通常は建物の隅部に作られる。大きな塔と同じく屋根のラインより上に突きでているが、容積は小さい階段室を1つ配するのがやっとという程度である。小尖塔（ピナクル）はさらに小さく用途は装飾に限られるのが普通で、内部にはスペースがない。小尖塔はバットレスの上に乗せられることが多いが、装飾のほかにも下方への圧力を加える重要な目的がある。小塔も小尖塔もゴシック時代の特徴で、中世後期にマイクロアーキテクチャーへと向かう流れの重要な一面でもあった。マイクロアーキテクチャーとは、縮小した建築的モチーフを装飾エレメントとして建物に配する作りである。

小尖塔 Pinnacle

バットレス上の小尖塔（ピナクル）は、後期ゴシック建築特有の繊細きわまりないシルエットの構築に役立つほか、ヴォールトから外側へ伝わる圧力を受けるバットレスの重しとしての役目もある。ボヘミア（現代のチェコ共和国）はクトナーホラにある14世紀末に作られた聖バルバラ教会もその例。

隅　塔 Corner turret

こぶりな小塔は、通常の塔と同じ位置に配してもさほど威圧感がなく、しかも視覚的に強い“完結”の印象を与える。図はケンブリッジのキングズカレッジチャペル（1446-1515）。各バットレスに乗せられた小さい小尖塔とともに、4つの隅塔が外構えの大きな特徴となっている。

塔につけられた小尖塔 Tower pinnacle

ゴシック様式の塔の隅には装飾として小尖塔がつけられることが多かった。ノーフォーク州クローマーにあるこの教会もその一例。塔の頂部のシャープな縁を小尖塔がやわらげ、四隅に荷重をかけることで塔を強化する効果もある。

階段小塔 Stair turret

小さい窓がたくさんあればすぐに階段小塔だとわかる。ソールズベリーの司教館も一目瞭然だ。8角形であること、上部の窓が斜めにつけられていることから中のらせん階段のカーブがうかがえる。

トゥレル *Tourelle*

壁の隅の上に配された小塔は、スコティッシュ・バロニアル様式（図のバルモラル城のような様式）や、バロニアル様式のベースとなったフランスのゴシック様式のシャトーの特徴。トゥレルまたはペッパーポット小塔といわれ、通常は円筒形で円錐形の屋根がついている。

都 市 *City*

何世紀も前から塔は都市にとって欠かせないものだった。何階も階層を重ねる構造は、あまり土地を広く使わなくてもスペースが確保できるからだ。市民の矜持を表すものとして使われることもあったし、個人的に持ち主が自分の富を誇示するために塔を作ることもあった。最近では企業が競うように高い摩天楼を立てて富と権力をデモンストレーションしている。土地が限られている都市部で塔を建てるにはそれなりの問題がある。ほかのビルよりも高く顔を出さねばならないし、下方でもインパクトを与える作りにしなければいけないからだ。

アールデコ式の尖塔 Art Deco spire
ニューヨークのクライスラービルディング（1928-30）は、ガーゴイル、パラペット、尖塔とゴシック風の塔の要素を遊び心たっぷりに取りいれながら、アールデコ様式にアレンジしている。シェヴロン（山形紋）がついた同心円形のアーチが視線を引き上げ、四角いビルから先細りの尖塔への移行をスムーズにしている。

ルネサンス時代の官庁に立てられた塔

Renaissance civic tower

イタリアのルネサンス時代の商人は街の私邸に競って高い塔を建てたが、シエナのパラッツォパブリコ（市庁舎）のような市営建築物にも高い塔が作られた。狭間を持つためいざという時の用意があるように見えるが、これは主に見せかけ。下の建物は無防備だからだ。

ゴシック復興様式の市庁舎

Gothic Revival town hall

マンチェスター市庁舎の巨大な中央塔は1887年にアルフレッド・ウォーターハウスが設計したもの。しかし今も市の中心部では圧倒的な存在感を誇り、かつてマンチェスターがイングランド指折りの商業中心地であったことを永く記憶にとどめる役割を果たしている。中世後期に北海沿岸の低地帯で作られた市庁舎をベースに、ゴシック復興様式でデザインされている。

初期の超高層建築

Early skyscraper

ニューヨークのアメリカンシュレティ・ビルディング（1894-96）は保証保険会社が持ち主。そそり立つフォルムと革新的な構造は会社の資力と安全性を示し、張り出したコーニスとエレガントなルスティカ仕上げ、柱が並ぶ下階は外観的にひときわ光彩を放っている。

モダニズムの高層ビル

Modernist tower

ニューヨークに立つシーグラムビルは1957年にルートヴィヒ・ミース・ファン・デル・ローエとフィリップ・ジョンソンが設計したもの。総ガラス張りの側面と飾りを排した1枚岩のような姿は後の超高層建築のデザインに大きな影響を与えた。

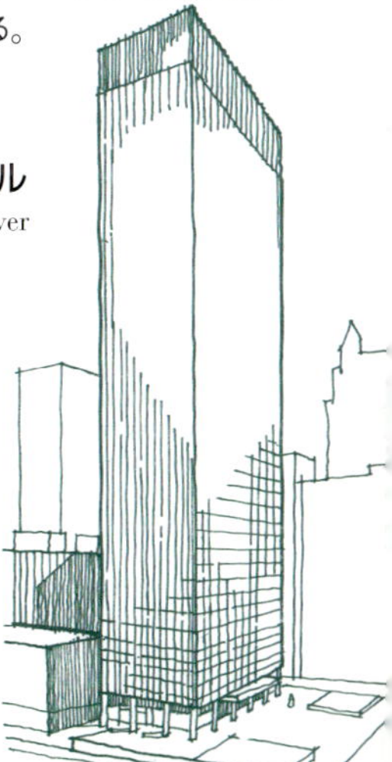

イントロダクション *Introduction*

ドアは人を中に導き入れる役目と、立ち入りを拒む意志を表す役目がある。ドアの配置やタイプからその建築物の用途がうかがえることもある。メインドアは建物のパーツでもきわめて重要で、凝った装飾が施される場合が多い。玄関口のスタイルは時代によって大きく違うため、建築時期を知る手がかりとしても役に立つ。裏口などのドアは小さめで装飾も控えめなので補助的な役割であることがわかる。階段を添えてドアを強調するケースも多いし、雨の降りこみを防いでドア自体に視線を引きつけるポーチをつけたりもする。

ドアと階層 Hierarchy of doors
ドアからその中の部屋の様子がうかがえる場合も多く、部屋の上下関係を示すためにドアのスタイルを変えることがある。ロンドンのハイゲートにある17世紀に建てられたクロムウェルハウスでは、各階でドアが違う。最上階のドア（おそらく使用人の部屋）は一目見てわかるシンプルさだ。

落とし格子戸

Portcullis

城塞に入る入り口は落とし格子戸で守られている場合が多い。落とし格子戸とは金属と木材でできた大きなゲートで、入り口の前に上から落として道をふさぐもの。図では落とし格子戸のほかにも入り口の手前に落とし穴がある。これは可動橋でおおうことができる。

分けられたドア

Graded doors

ドアの数と配置もその建物内部の構造を知る手がかりになる。図はローマのサンタ・マリア・イン・コスメディン教会のファサードでドアが3つある。中央の大きいドアは身廊へ、脇の小さいドアは側廊へと続く。

広い入り口 Amplified entrance

ヴェネチアのセントセイヴィア教会のエントランスを設計するにあたり、16世紀に活躍した建築家アンドレーア・パッラーディオは、ポルティコ中央の柱間をわずかに広げて入り口を強調した。ゴシック時代に大流行した脇に設けるドアは、像を配したニッチで表現されているのみ。

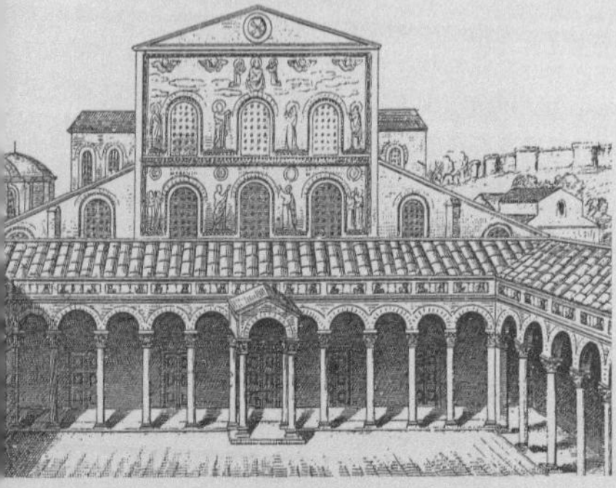

拝　廊 *Narthex*

ローマにある4世紀に建てられた旧サンピエトロのバシリカのように、初期のキリスト教教会ではポーチ、すなわち拝廊を通って屋内に入った。拝廊は洗礼志願者（洗礼を受けていない信者）が使い、教会自体は信者のみが入れた。

ギリシャ&ローマ様式 *Greek & Roman*

古代ギリシャとローマの建築物では、ドアはそれほど目立つ特徴ではない。大きなポルティコの奥にあるのが普通だからだ。それでも多少は装飾によって強調されている。ドア開口部の多くは上にいくにしたがって幅が狭くなっているが、これはおそらく石製リンテルの両端をしっかりと支える必要があったからだろう。ただしローマ時代になると建築技術も発達し、入り口の側面は真っ直ぐになる。開口部はモールドつきの回り枠で囲まれ、円花飾りなどのモチーフで装飾されることも多かった。また上部には渦巻形持送りが支える張り出したコーニスが配された。

部分的に隠されたドア

Partially hidden doorway

ギリシャとローマ、どちらの神殿でも参拝は内部ではなく外の階段部分で行うのが普通だった。その結果、内陣すなわちセラに入るドアはポルティコの背後にほとんど隠れる構造になった。レバノンはバールベクにあるバッカス神殿もその例。

エトルリア式の戸口 Etruscan doorway

エトルリア人は紀元前8世紀〜紀元前4世紀にローマの近くに住んでいた人々。エトルリア建築の一番大きな特徴は顕著に上がせばまった戸口と張り出したリンテルだ。リンテルは本物を模した表現にとどめられることもある。図のカステル・ダッソにあるエトルリア式の墳墓では、回り枠の彫刻が施されている。おそらくエジプトの墓をモデルにしたものと考えられる。

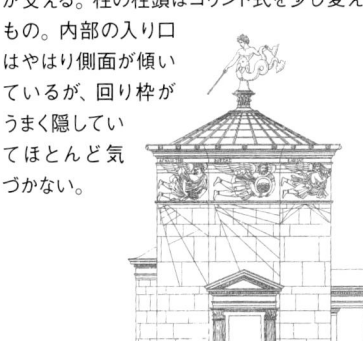

塔のドア Tower door

アテネにある風の塔(紀元前1世紀)のドアにはペディメントがあり、これを縦溝彫りの柱1対が支える。柱の柱頭はコリント式を少し変えたもの。内部の入り口はやはり側面が傾いているが、回り枠がうまく隠していてほとんど気づかない。

両開きのドア Double doors

これはアテネはアクロポリスの北側にあるエレクテイオン神殿を再現したもの。大きな両開きのドアがついている。回り枠は円花飾りを連ねたシンプルなものだが、上部にはより凝った作りのコーニスが突きだしていて、これを1対の渦巻形持送りが支えている。枠の両側はわずかに上方がせばまっている。

アーチつきの入り口 Arched doorway

シリアはタルマニンに立つ初期キリスト教時代の教会(5世紀)エントランスは、ローマの凱旋門の形を借りたもの。中央のアーチ形開口部を2つの小さいアーチが挟んでいる。ポーチ(拝廊)の中には、改めてモールディングつきの回り枠と重厚なコーニスを持つドアがある。

ポルティコ *Portico*

建物の正面または周囲に配された天井つきの歩道をポルティコという。上に破風が配される場合もある。1つ、または複数の側面が外に向かって開いている屋根つきのスペースで建物を囲むという概念は非常に古くからあり、暑い気候の国では広く普及していた。古代ギリシャおよびローマの神殿のポルティコの場合、建物の正面、張り出した壁のあいだに配置する柱の数や配置まできわめて正確に決められている。ファサードにつけられるシンボル的な意味が大きいポルティコでもそれは変わらない。ポルティコを構成する規則は新古典時代にもそのまま使われていた。

六柱式 Hexastyle

一般的なポルティコの構造には、八柱式、六柱式、四柱式がある。柱が偶数だと柱間は奇数になり、中央ドアと柱間をうまく重ねることができる。ロンドンにあるギリシャ復興様式の聖パンクラティウス教会(1819-22)は六柱式。

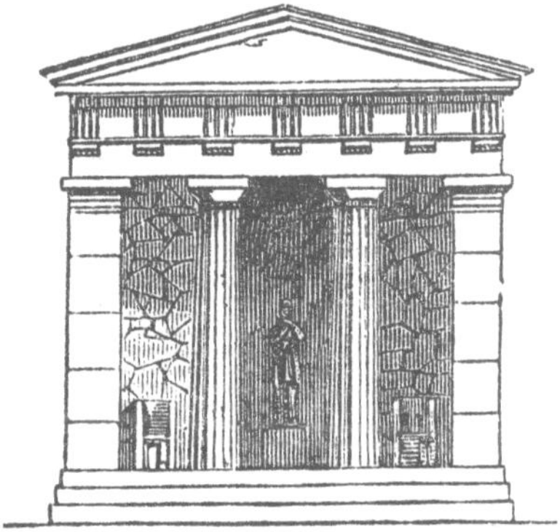

インアンティス *In antis*

インアンティス形式のポルティコとは、突きだした壁端柱（アンタ）のあいだに柱を立てたもの。壁端柱の端は四角く張り出したピラスターになっていてポルティコの両端となる。図のギリシャはラムヌスにある小さな神殿のポルティコは二柱式で柱が2本あるだけだが、もちろん柱数が多いものもある。

ペリスタイル Peristyle

柱を密に並べて内部の建物を完全に包みこむコロネード（列柱）をペリスタイルという。アテネのヘーパイストス祀堂のペリスタイルは1列の円柱に囲まれた周柱式。2列の柱があるものは二重周柱式という。

ペディメント Pediment

ペディメントはポルティコの重要な要素だ。ポルティコの柱上に配されたエンタブレチュアを土台に、勾配屋根の破風部分を表している。また3辺すべてがモールディングで囲まれている。時代が下るとペディメントつきポルティコそのものを大規模なオーナメントとして使うことも多かった。

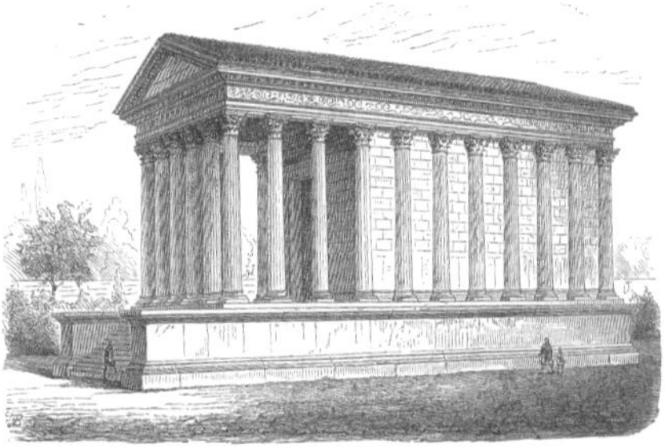

エンゲージドポルティコ Engaged portico

1世紀にフランスはニームに建てられたローマ様式のメゾンカレの側面。柱が内部のセラの側面に組みこまれた、いわゆるエンゲージド（つけ）ポルティコだ。ただし前面はセラよりも張り出していてプロスタイル（前柱式）のポルティコになっている。

ロマネスク様式 *Romanesque*

ロマネスク時代に建てられた教会は戸口が非常に重要視された。ドアの形は当時主流だった半円アーチを利用し、周囲には何重にもオーナメントを重ねて凝った装飾が施された。アーチ頭部の中央にはティンパヌムがはめこまれて彫刻像で飾るスペースとなり、壁が分厚かったため入り口脇の抱きを内側に傾けることができたし、何層にもオーナメントで装飾することも可能だった。中央身廊とそれをはさむ側廊という内部構造が、複数あるドアからもはっきりとうかがえる。中央ドアは大きなイベントで人々が行列をなすときに限って使うのが普通で、通常は脇のドアから出入りした。

奥まったドア Recessed door

11世紀に建てられたバルセロナのサンパブロ教会のファサードは質素だが、それゆえにたっぷりと装飾を施されたドアが否応なしに引き立つ。ドア周辺の壁を分厚く仕立てることで、奥まったところに入り口を置ける。開口部の上には彫刻を施したティンパヌムがある。

張り出した戸口

Projecting doorway

11世紀後半、フランスはアルルに建てられたサントロフィーム教会では戸口を囲む構造が張り出していて短いポーチになっている。おそらくローマ様式のポルティコを応用したものと考えられる。上には破風があり、アーチはエンタブレチュアのような彫刻つきフリーズが支え、そのフリーズをさらに短い柱が支えている。

彫刻つきの戸口

Sculpted doorway

スペインのサンティアゴ・デ・コンポステラ大聖堂の正面主玄関。栄光に包まれるキリストを表す中央ティンパヌムとそれを支えるトリュモー(中央ピラー)など、所狭しと彫刻が施されている。ドア脇の抱きには人物が彫刻された柱が配され、アーチの迫石回りにも人物像が彫りこまれている。

オーダー Order

ロマネスク時代とゴシック時代、“オーダー”という用語は柱が支えるアーチ形モールディングを表すのに使われた。図はドイツのニュルンベルク近く、ハイルスブロン市にある建物のドア。4つのオーダーがあり、一番外側は太い綱またはロープ風のモールディングになっている。ドア自体の頭部は三つ葉模様。

ティンパヌム Tympanum

これはイングランドにある12世紀初期に作られた戸口。アーチの頭部にティンパヌムのパネルが配され、キリストとその左右にひかえる天使の像が彫刻されている。抱きの彫刻はあまり鮮明ではないが、おそらく片方はアダムとイヴで、反対側は狩りの一場面だろう。

ゴシック様式 *Gothic*

全体的にいって、ゴシック時代のドアと戸口の配置などは先立つロマネスク時代とほとんど変わっていない。通常3つに分かれている西側の張り出した表玄関――それぞれ身廊と両脇の側廊に続く――は、やはり大きな教会の重要な特徴だった。ゴシック時代のドアにも当時流行していた様式や形が取りいれられている。特に顕著に利用されているのが尖頭アーチ、そして細かいデティールのモールディングやクロケット、葉飾りのついた柱頭など広く人気を博していた装飾だ。特にゴシック時代後期になるとドア自体にも装飾が施された。ブラインドトレーサリーパネルを配するなど、ドアが装飾としての彫刻を施すキャンバスのように扱われたのである。

3つの部分からなる表玄関

Triple portal

3つ組の表玄関に、1つは身廊、2つは側廊に続く3つのドアを持つ形式は、ゴシック式大聖堂のデザインの重要ポイントだった。図のフランスはランスの聖堂もその例。表玄関自体が張り出しているため何層にもオーナメントを重ねることができ、開口部もそれぞれクロケットをつけた破風でさらに強調されている。

ポーチ Porch

このゴシック式教区教会のポーチは、礼拝者が中に入る際に雨よけとなったはず。ただしポーチのスペース自体も有効活用されたのは想像に難くない。教会のポーチは結婚式の前半部を行ったり契約を交わしたりする場として、また教室としても使われた。

フードモールディング Hood molding

これはイングランドの15世紀に作られた戸口。上に配された四角いモールディングはフードモールディングまたはドリップモールディング（雨押さえ刳形）と呼ばれる。中世後期によく使われた造作で、端には顔のついた“ヘッドストップ”がある。戸口自体の頭部は四角いフレームに収められた四心アーチ状になっている。

帯状にレンガを配した戸口 Banded brick doorway

建築にまつわる多くの点に共通することだが、ドアの回り枠も建材によって部分的に作りなどが左右される。図のゴシック後期に作られたレンガ住宅は、明るい色と暗い色のレンガを帯状に重ねて積んだ比較的シンプルな戸口で、彫像はない。レンガで彫像を作るのは難しかったからだ。

ブラインドトレーサリーのパネル Blind tracery paneling

ゴシック時代、ドアの回り枠に限らずドア自体もよく装飾を施された。これはドイツのブラウボイレンにある修道院のドアにはめこまれたブラインドトレーサリーのパネル。直線で囲まれたパネル、カスプ、曲がりくねったオジーカーブなど中世後期の典型的なモチーフが使われている。

ルネサンス様式 *Renaissance*

ルネサンス時代には古典時代、特に古代ローマ時代のフォルムが復興し、ドアのデザインも大きな影響を受けた。それまでのゴシック様式にかわって古典的な造作が採用されるようになったためだ。神殿の正面部をベースにしたファサードが広く使われ、長いアーキトレーヴがついた長方形のドアフレームの人気が復活し、持ち送りが受けるコーニスを頂部に配したドアも再び登場した。ドアそのものは古代ローマに影響を受けた格間などのモチーフで飾られた。引き続きアーチつきドアも用いられたが、ローマ式のような半円形になり、要石が突きだしていた。ヨーロッパ北部では大変に手のこんだ造作の戸口が作られた。

凱旋門 Triumphal arch
ルネサンス時代の建築家はゴシック時代のドアの造作を凝りすぎだと感じ、反対の方向へ進んだようだ。巨大なピラスター、凱旋門、重厚なペディメントなどのモチーフが復活して教会や宮殿のファサードにつけられた。図はイタリアはマントヴァの聖アンドレア教会。中央の凱旋門と、左右からはさむ巨大なピラスターのせいでドアが小さくなり、存在感が薄い。

格間つきの両開き戸 Coffered double doors

図はフィレンツェのルチェラーイ宮殿。長方形のドアフレームには、装飾が施されたアーキトレーヴと張り出したコーニスがあしらわれている。これらは古典建築のモデルを緻密に再現したもの。格間つきの両開き戸も同様だ。ファサードそのものはピラスターで区切られている。下階はドリス式、上はコリント式だ。

ルスティカ仕上げの戸口 Rusticated doorway

16世紀にローマに作られたファルネーゼ宮はシンプルで堂々たる戸口。装飾は開口部を囲む迫石（V字形の石）のやや張り出したルスティカ仕上げのみ。しかしこのドアは古代をそのまま模したわけではなく、過去の遺産をヒントにルネサンス時代の建築家が考案したもの。

独創的なオーナメント Inventive ornament

オランダはライデンに1595年に建築されたタウンホール（市庁舎）のエントランスは、ヨーロッパ北部のルネサンス式建築の典型例。柱が支えるエンタブレチュア、半円アーチとニッチなどいかにもイタリアらしいモチーフが使われているが、古典様式とはほとんど無縁のフランスのスタイルをベースにした独創的なオーナメントで飾られている。

帯模様のデティール Strapwork detail

ノーフォーク州にあるブリックリングホール（1612-27）のエントランスには張り出した背の高いポーチがあり、両側にベイウィンドウが配されている。複雑な帯模様のデティールは北海沿岸の低地帯の建築に影響を受けたもの。脇にはイタリアに影響を受けたロッジアがあるが、これも北方のデティールを利用している。

バロック&ロココ様式 *Baroque & Rococo*

窓はいうまでもなく、バロック建築とロココ建築ではドアも装飾上の重要な要素だった。この時代のドアの装飾として一番広く使われたのはペディメントだ。半円や尖頭のものが作られたほか、基部や頂部がいわゆるブロークン（一部欠けている）になっているなどさらに工夫が加えられる場合もあり、頂部に彫像を飾るケースも多かった。新タイプのドア用回り枠、特に石細工で互い違いにブロックをはさみこんだように仕立てる帯模様の回り枠が一層人気を博したのもこの時代である。ただしロココ時代のインテリアデコレーションに関しては、ドアはさほど重要な存在ではなくなり、内部の表面全体をカバーする総合的な装飾スキームの一部になってしまった。

バロック様式の戸口

Baroque doorway

ローマのジェズー教会（1568年着工）はバロック式デザインでも初期に作られたもので、後に広く模倣された。2階まで含むファサードは円弧を描くペディメントと尖頭のペディメント、それに2層のピラスターを配した複雑な作り。3つのドア（それぞれ身廊と両側の側廊に続く）は、このファサードの一要素としてのみ扱われている。

ブロック仕立ての柱

Blocked surround

1つおきに四角く大きいブロックを重ねた柱は、開口部に趣向をこらし変化をつけるためにバロック時代によく使われた。ここでは戸口に利用されていて、上には開口部の縁より下まで“垂れた”要石が突き出すように配されている。

耳つきアーキトレーヴとパネル

Eared architrave and panels

ロンドンのクロムウェルハウスにある17世紀製のドアを表情豊かに仕上げるのは、中央フィニアル（先端装飾）がついたブロークンペディメント。8枚のパネルは上にいくにしたがって小さくなっている。一番上のパネルとアーキトレーヴは耳を持ち、アーキトレーヴには帯模様がついている。

ブロークンペディメント Broken pediment

ブロークンペディメントは建築的なヴァリエーションや凝った造作をもたらした功労者。これはイニゴ・ジョーンズ（1573-1652）がデザインした、バンケティングハウス（ロンドン）の室内ドアの回り枠で、耳つきのアーキトレーヴ（化粧縁）がある。上には持ち送りが支える頂部が欠けたブロークンペディメントがつけられ、その中央には女性の胸像があしらわれている。

アトランティーズ Atlantes

バロック時代後期とロココ時代には、様々な装飾デティールを組みあわせた贅沢なエントランスが作られた。図のような張り出したポーチもその例。ポーチ上のバルコニーを支えるのはアトランティーズ（男性像の形に彫刻された支柱）。ほかにも神話に登場する人物や、パネルつきの両開きドアとその上にかぶせられたファンライト、種々のシェル形やドレイパリー（ひだを寄せた布）形などが加えられている。

新古典様式 *Neoclassical*

新古典様式で作られたドアのデザインの重要ポイントはペディメントつきポーチだ。本格的なポルティコを仕立てる場合もあれば、ドアのみに小さめのシンプルなポーチをつけたものもある。ポーチは柱を備え、凝ったモディリオンつきのコーニスや大胆なオーナメントを配したものが多い。ドアにはパネルをはめるのが普通で、6枚パネルのデザインが一番一般的だった。ドア上のファンライトや脇の横窓など、ガラス窓で囲むアレンジもよく行われた。室内でもパネルをはめたドアが使われたが、こちらはプラスターやそのほか繊細な素材で複雑な装飾が施されている。

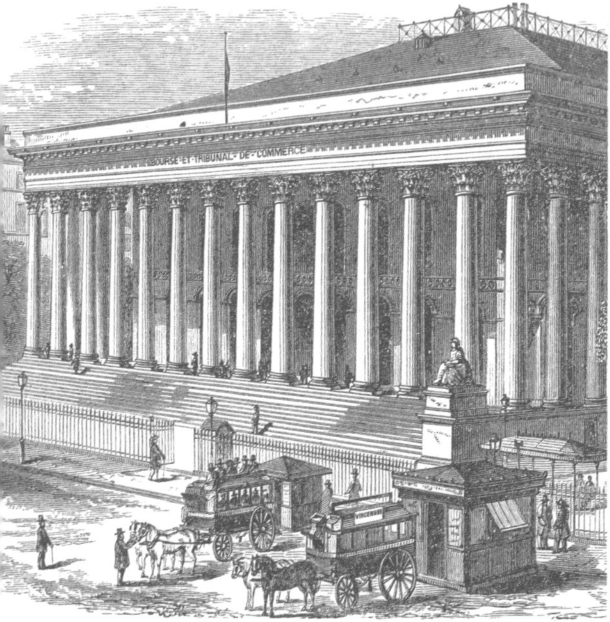

コリント式ポルティコ

Corinthian portico

巨大なポルティコはいにしえの世界を彷彿とさせるほか、都会の人混みの中でも建物に威厳と重々しさを添える効果がある。パリに19世紀初期に作られた証券取引所は全面に渡ってコリント式ポルティコがつけられている。実際の出入り口はポルティコの奥に。

ファンライト Fanlight

ドアの上につけられるアーチ形の窓は欄間窓またはファンライト《扇形》と呼ばれる。この種の窓によく用いられる扇形から名前がついた。このフランス製の新古典様式のファンライトには、アーチ形ヘッドとその下のラウンデル、凝った鉄細工がつけられているが、シンプルな放射状デザインも多かった。

繊細なデティール Delicate detailing

装飾は屋外よりも屋内のほうがはるかに手がこんでいる場合が多い。風雨にさらされなければそれだけ繊細なデティールも長持ちするからだ。これは新古典様式の屋内ドア。耳つきアーキトレーヴの上にはフリーズが配され、その中央にはメダイヨン（円形浮き彫り）、両脇には座姿勢のカリアティード（女性像の柱）がつけられている。さらにフリーズはギリシャ風のグリークキー（曲折）模様のコーニスを支える。

ペディメントのあるポーチ Pedimented porch

このポーチはサイズを小さくしたポルティコの形を取っていて、脇につけられた柱が視覚的にポーチと家自体を結びつけている。また地面から上へと続く階段もついている。コリント式柱と重厚なモディリオンつきコーニスなどのディティールにも注目。ドア自体には6枚のパネルがはめこまれている。

脇　窓 Sidelights

ドア開口部の脇につけられる細長い窓を脇窓という。1814年、米国ケンタッキー州のレキシントンに作られたハント・モーガン・ハウスではファンライトと組みあわせられている。この配置はパラディオ式窓ともよく似ているが、パラディオ式窓上部のアーチ形に比べファンライトのほうが幅が広い。

19世紀 *19th Century*

19世紀の建築の全体的な傾向と同じく、ドアも様々な復興様式でデザインされ、ドアは目的とするスタイルを再現する鍵でもあった。ドアやポーチ用に特に人気があったのがゴシック復興様式だった。開口部にアーチをかけたりステンドグラスを用いたりすれば容易にゴシック復興様式風に仕立てられたためだ。ただし古典様式のデティールも用いられた。アパートメント棟や倉庫、工場など新たなタイプの建物が登場すると、車両や多くの人々が出入りできて、大規模な建物にふさわしい威厳を添えられる新しい形の玄関口が必要になった。

ゴシック復興様式のポーチ

Gothic Revival porch

このハーフティンバーのコテージでは、低い石壁の上に開口部を持つポーチがゴシック復興様式の鍵となっている。ただし実際は教会のポーチがモデルだ。エントランス自体の開口部は四心アーチで、奥にあるドアにもその形が反映されていると思われる。

ポートカーシャ *Porte-cochère*

フランスのアパートメント棟の大きな特徴といえばポートカーシャ（駐車通用門）があげられる。ドアが非常に大きいため車両が屋根つき通路まで進入できるようになっていて、両側面にしつらえられたドアから住居エリアに入れる。ポートカーシャという名はほかの乗り物や車両が通れる大きな屋外ポーチにも使われる。

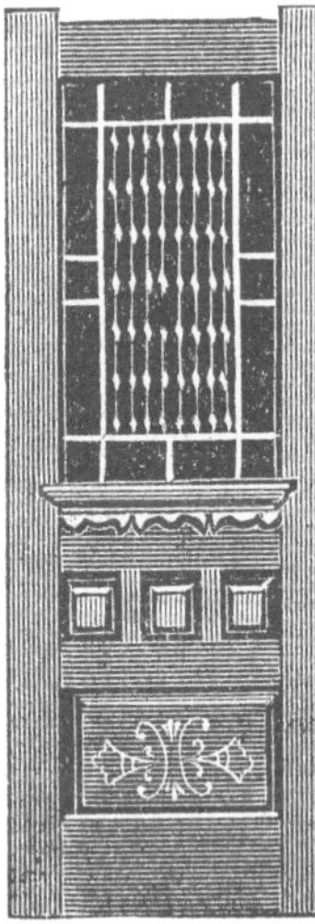

一部がガラス張りのドア Part-glazed door

上部がガラス張りで下部が木製のドアは、19世紀後半と20世紀初期に大変人気があった。ドアをはさむ部屋同士でむだなく光を利用できるよう、玄関の入り口にも屋内のドアにもこの種のドアが使われた。図の例ではエッチング加工ガラスがはめこまれているが、ステンドグラスもよく利用されていた。

一体化したポーチ Integral porch

図は後期ヴィクトリア朝様式で作られたロンドンのテラスハウス。隣り合ったドアは一体化したポーチの下、奥に配されていて、家の前部を張り出し構造にしなくても雨に濡れることなくドアを開けられる。2つのポーチは、初期ゴシック様式のピラスターに乗った扁平アーチによって統合されている。

アールヌーヴォー式の戸口 Art Nouveau doorway

これはフランスのアールヌーヴォー時代の建築家、エクトール・ギマール（1867-1942）が設計したパリのとある戸口。鋳鉄とガラスが持つ建築的な可能性を最大限に生かし、きわめて優美な入り組んだデザインになっている。これほど広い面積にガラスを使えるようになったのは、金属構造材が発達したからにほかならない。

現代様式 *Modern*

古代ギリシャのまぐさ(柱とリンテル)式構造と、やはり縦材と横材を組みあわせる作りのカーテンウォールは構造が似ている。ここから、20世紀の建築家にとって古典的なポルティコが重要な着想源となった。古代と同様に、続きになったコロネードは巨大な建物に配された複数のエントランスを統合する目的に使われた。カーテンウォール式の建築法が導入され、板ガラスの製造法も進歩したことで、総ガラスのドアなど総ガラス張りの表構えも作れるようになった。しかし一方で建物内部は見通せてもドアの開けかたに戸惑うというおかしな結果が生まれた。

総ガラス張りの表構え Fully glazed front
ロンドンのピータージョーンズ・デパートは、巨大な鉄骨が支える総ガラス張りの表構えを持つ建築でもごく初期の例。この構造によって隙間なくガラス窓を並べられるようになり、また買い物客を誘いこむ効果の高いガラスドアをはめこめるようになった。

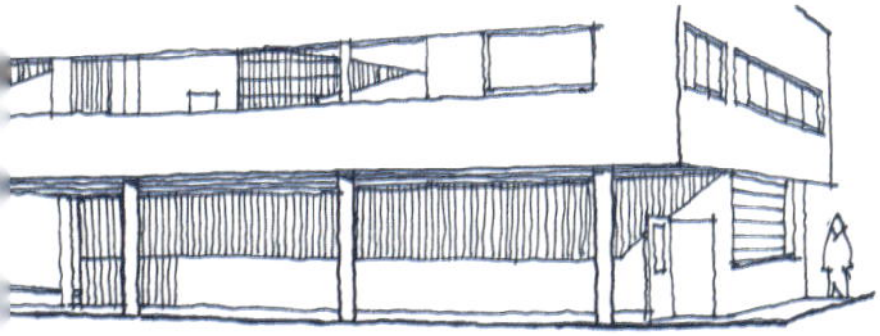

コロネード式のファサード Colonnaded facade

1928年にパリ近郊に建てられた、モダニズム建築家のル・コルビュジェ設計によるサヴォア邸の場合、どこから入ればよいのかなかなかわからない。歩行者ではなく車両を念頭にデザインされているためだ。車は住まいを支える柱の奥にある、勾配のついた特別なエントランスへと上るようになっている。

トスカナ式のポーチ Tuscan porch

図は20世紀初頭に建てられた郊外の家。ポーチは屋外のリビングスペース用だ。ポーチにはトスカナ式の柱がよく使われた。理由の1つはイタリアルネサンス時代のロッジア風に仕立てられるため、もう1つはシンプルで建設費用も抑えられたからである。

ガラス製キャノピー Glass canopy

これはロンドンにあるオフィスビル。エントランス上に張り出したガラス製キャノピーが総ガラス張りの表構えのアクセントとなっている。防災時に使う開き戸のあいだにガラス製の回転ドアがあり、中のオフィスが見通せるとともに実際的なアクセスが可能になっている。

統合されたファサード Unified facade

ニューヨークにあるリンカーンセンターのコンサートホールのファサードの場合、エントランス部分に構造的な支柱を利用したコロネードが作られている。これは古代ギリシャのモデルに着想を得たもの。古典的なコロネードととてもよく似ていて、複数の入り口ができるとともにファサードが全体的に統合されるメリットがある。

イントロダクション *Introduction*

英語で窓を意味する“ウィンドウ”は古ノルド語の“風の目”を意味する言葉に由来する。窓は建物の特徴でもきわめて重要で、日光と外の空気を中に入れるだけではなく、“目”のように建物の外観を左右する決め手となる。時代によって窓のスタイルも大きく変化するため、スタイルの種類を知っておくと建築された時代を知る手がかりとして役立つ。この章では窓の移り変わりでも重要な点についてあらましを取りあげる。ただし窓は変えられるので注意を。建築物の造作でも窓はとりわけ取りかえやすく、人間は昔からそうやって建物をリフレッシュしてきたのである。

リフレッシュ Updated
ちぐはぐなスタイルは変化を知る手がかり。たとえばウィルトシャー州のディヴァイザズにあるセント・ジョン・ザ・バプティストの塔では、下方の窓の内側にゴシック垂直式のトレーサリーがあり、外側をロマネスク様式の重厚なオーナメントが囲んでいる。後になって窓をリフレッシュするためにトレーサリーを加えたことがうかがえる。

サッシ窓 Sash

サッシ窓は18〜19世紀の英国と米国の建築の特徴。考案したのは英国の科学者ロバート・フック(1635-1703)だといわれる。板ガラスが互いに重なるよう上下にスライドする仕組みだ。サッシ窓に桟《さん》すなわち組子を入れることでひと枠のサイズを小さくすることもある。

クローザー Closers

石またはレンガ造りの建物に組みこまれた窓は、長短の石またはレンガを交互に配して縁取りするのが普通だ。図のロマネスク様式の窓がその例。ガラスを外して窓をつぶしてしまってもこの“クローザー”は残る場合が多いので、以前に窓があったことを知る手がかりになる。

開き窓 Casement

開き窓はゴシックおよびルネサンス時代によく使われた窓。現在でもヨーロッパでは人気が高く、現代建築でも広く利用される。蝶番は両脇または上か下につけるが、中央に配する場合もある。図の開き窓は小さいガラス張りドアのように外側に開くパネルを備えている。

ドーマー Dormer

ドーマーウィンドウ(屋根窓)は建物の屋根から突きだした窓で、ドーマー自体にも小さな屋根がある。全体の高さを変えずに屋根裏にリビングスペースを足すことができる。18世紀に作られたこの米国のドーマーにはパラディオ式のサッシ窓がつけられているが、開き窓も広く使われた。

ギリシャ&ローマ様式 *Greek & Roman*

建物そのものと同じく、古代ギリシャやローマ時代の窓はまぐさ(柱とリンテル)式で長方形の開口部を作るのが普通だった。しっかりリンテルを支えて見栄えをよくするため、回り枠は上部が内側に狭まっているのが特徴だ。神殿など古典建築にはほとんど窓がないものもあるが、そのかわりにニッチで装飾されている。ニッチには彫刻像を置き、上に小さいペディメントを配するのが普通だった。

窓のない建物 Windowless building

ほとんどのギリシャおよびローマ神殿のセラ(中央の祭祀所)には窓がまったくなかった。図のニームにあるメゾンカレもその例。新古典主義時代の建築家も神殿の形を借りて窓のある建物を作ろうとしたが、困難をきわめた。

ウィトルウィウス窓 Vitruvian

底辺よりも上辺が狭く、上の隅につきだした小さい耳を持つきわめてシンプルな回り枠の窓はウィトルウィウス窓と呼ばれる。アテネのエレクテイオン神殿もその例。新古典建築の重要な特徴となった。

ティヴォリ Tivoli

図はローマはティヴォリにあるウェスタ神殿の窓（紀元前80年頃）。エレクテイオン神殿の窓と似ているが、上だけではなく下にも耳がある。アンドレーア・パッラーディオが復活させ、ルネサンス、バロック、新古典時代の重要なフォルムでもあった。

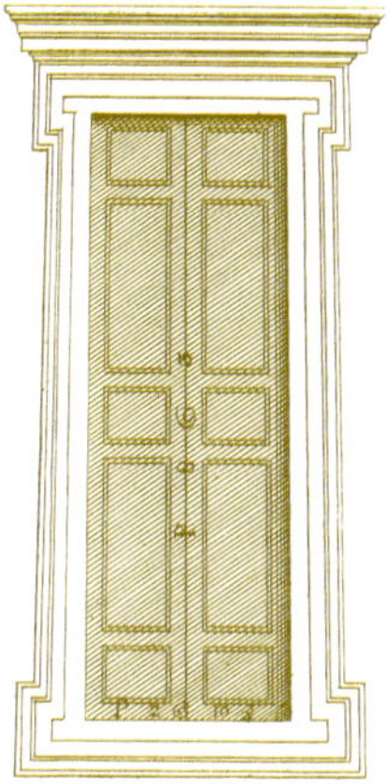

ニッチ Niche

窓のかわり、または窓に加えて、ローマの建築では同様の形のニッチが作られることが多かった。ニッチは彫像を置く場所として使われるほか、単なる装飾としても用いられた。ローマにあるパンテオンのニッチの場合、下階では三角と曲線のペディメントが交互に配され、上階ではシンプルなコーニスがあしらわれている。

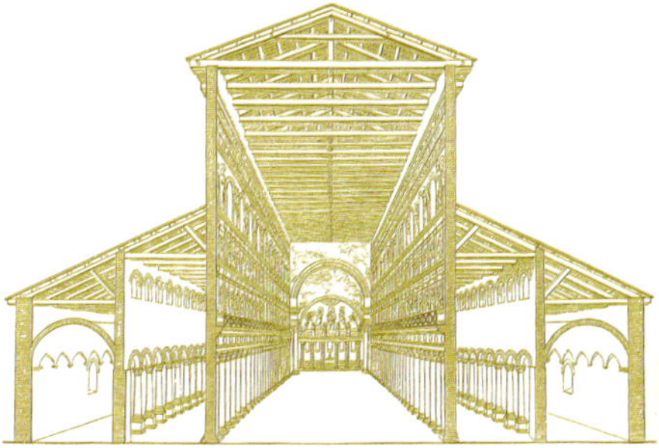

採光の改善 Improved lighting

キリスト教では信者が礼拝の進行をきちんと見届けることを非常に重要視したため、初期キリスト教時代の教会は古い神殿よりも明るくなるように作られていた。ローマの旧サンピエトロの後陣と側廊には窓があり、高所にはクリアストリー窓がしつらえられて、中央身廊に光を導き入れる。

ロマネスク様式 *Romanesque*

ロマネスク様式の窓は半円アーチを用いて作るのが普通だったため、窓の頭部も円形になる。構造的に不安があったためかほとんどの窓が小さく、開口部を1つだけにするか少数をまとめる形で用いられた。初期ゴシック時代に尖頭アーチが考案されて石造建築の構造が安定すると、大きくて背の高い窓が作られた。このゴシック時代初期の窓は細長い槍状のランセット形だったが、すぐにサイズと形も様々に複数の窓を組みあわせた形の造作が生まれた。これが発達して、後の13世紀になるとトレーサリーがはめこまれた複雑な窓が作られる。

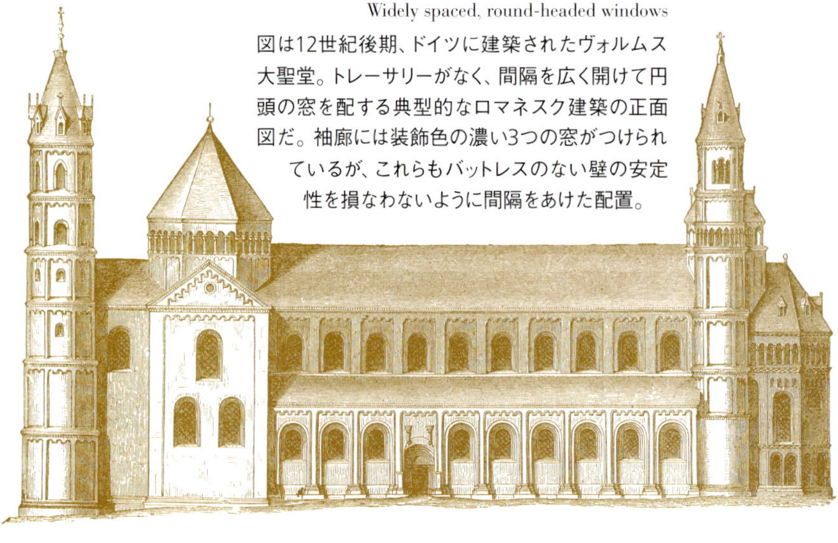

間隔をあけた円頭窓

Widely spaced, round-headed windows

図は12世紀後期、ドイツに建築されたヴォルムス大聖堂。トレーサリーがなく、間隔を広く開けて円頭の窓を配する典型的なロマネスク建築の正面図だ。袖廊には装飾色の濃い3つの窓がつけられているが、これらもバットレスのない壁の安定性を損なわないように間隔をあけた配置。

シェヴロン模様のオーナメント
Chevron ornament

これはウィンチェスターのセントクロスの窓の内側。小さい対のコロネットと、窓の頭部を囲むように配したシェヴロンの帯模様によって趣向を凝らしてある。窓そのものは小さい開口部から多くの光を取りいれるため大きく斜めに広げられている。

ランセット窓 Lancet

鋭く尖った頭部を持ち、内部に桟がない細長い窓はランセット窓という。形が似た外科用器具のランセット《柳葉刀》にちなんで名づけられた。ランセット窓はトレーサリーが考案される前、12世紀後期から13世紀初期にかけて作られた初期ゴシック建築の特徴だ。

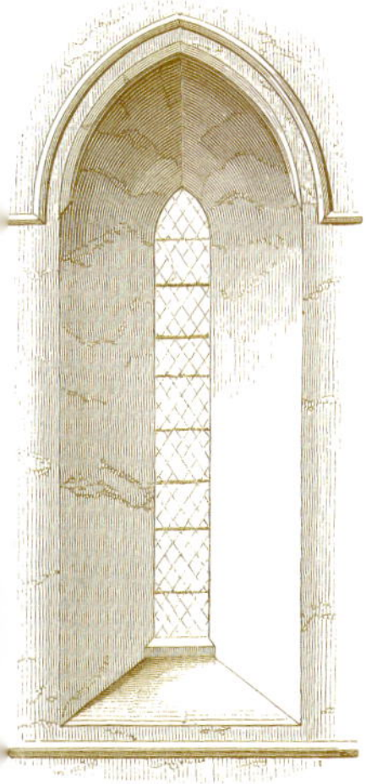

隅切り窓
Splayed window

建物内に多くの光を取りこむために窓開口部の内側縁を傾斜させて広げる隅切りを施すことがある。そんな隅切り窓は、まだ窓が小さかったロマネスク時代とゴシック時代初期に一番広く使われた。特定の方向に光を向けるために傾斜角度をつける場合も。

段状のランセット窓 Stepped lancets

これは13世紀初期に作られた窓。三つ葉形の頭部を持つ3つ1組のランセット窓でも中央の窓が頭1つ高く、階段状になっている。5つ1組になったものもあるが、段状のランセット窓は開口部間の石材を大きく減らしていくことでトレーサリーが形作られていく初期の重要な段階を表している。

ゴシック様式 *Gothic*

ゴシック時代の窓の特徴は尖頭アーチとステンドグラス、トレーサリーだ。13世紀初期には壁面に透かし彫りを施して穴を開けたプレートトレーサリーが考案されたが、建築者はすぐにアーチとカーブを交差させればさらに開口部の広いバートレーサリーができることに気づいた。初期のトレーサリーはアーチや円、三つ葉模様など幾何学形を使っていたが、14世紀に逆S字のオジー模様が導入されるとはるかに複雑で入り組んだパターンが生まれた。石材のトレーサリー模様に美しいステンドグラスをはめることで装飾効果も高まった。

バートレーサリーのバラ窓

Bar-tracery rose window

図のバラ(円)窓にはバートレーサリーがはめこまれている。バートレーサリーが13世紀半ばにプレートトレーサリーに取ってかわることで、きわめて複雑なパターンの作成が可能になった。窓は“1枚壁にガラスをはめこんだ開口部”という扱いも変わり、ガラスが広い面積で使われて、石材はガラスに囲まれた曲線を描くバーというつつましいポジションに。

プレートトレーサリー Plate tracery

壁に小さく型抜きを施したように見えるのがプレートトレーサリー窓。図はフランスのシャルトル大聖堂にあるプレートトレーサリーのバラ（円）窓で、2つのランセット窓の上に、四つ葉飾りで囲まれた多葉飾りの円形が配されている。全体的には、たくさんの窓が美しく配置されているという印象。

ステンドグラス Stained glass

これはフランスはオセールにある13世紀に作られたステンドグラス。このようにステンドグラスは様々な色のガラス片を、“ケイム”という鉛の縁でつなぎあわせて作る。ゴシック時代に特徴的な造作で、奇跡譚や聖人像、幾何学模様などを描くのが一般的だった。

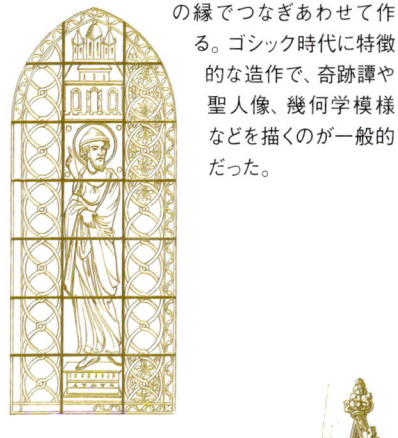

網目トレーサリー Reticulated tracery

図はレディングの修道院にある窓で、頭部にはうねって入り組んだオジー曲線が使われ、絡みあうような網模様を描きだしている。網目トレーサリーの名はここから来ている。網目トレーサリーは特に14世紀に人気が高かった。

ルカーン窓 Lucarne window

ゴシック時代、ルカーン窓という小さなドーマーで尖塔を装飾することが多かった。図は1400年頃に建築されたノーサンプトンシャー州ウィルビーにあるルカーン窓。主に装飾用だが、尖塔内部の換気、内装の修理の際の明かり取りなどにも役立てられた。

後期ゴシック様式 *Late Gothic*

後期ゴシック時代になるとトレーサリーのパターンが複雑で流れるようなオジー曲線を使う非常に込みいったものになった。特にイングランドでは窓頭部にオジー模様トレーサリーをはめ、さらに縦材のマリオンと横材のトランサムを交差させてパネルのような印象に仕上げることが多かった。15世紀にイタリアでルネサンスが始まるが、ヨーロッパ北部では16世紀になっても引き続きゴシック様式が使われていた。それでも新たなルネサンス的モチーフが少しずつ導入され、それまでのゴシック様式と入り混ざって完全なゴシック様式でもルネサンス様式でもないスタイルが生まれた。ルネサンスに影響を受けた、細部の細工がほとんどまたはまったくないシンプルなトレーサリーパターンなどもその1つである。

フランボワイヤン様式のトレーサリー

Flamboyant tracery

後期ゴシック時代、オジー曲線を使う複雑で流れるようなパターンが作りだされた。フランスはディナンにある1450年頃に作られたセントメアリー教会の窓もその例。涙形のパターンが大きな特徴で、この種のトレーサリーには“フランボワイヤン《火炎》式”、“カーヴィライナー《盛飾》式”、“フローイング《流れるような》式”などの名がつけられた。

垂直式トレーサリー

Perpendicular tracery

英国の後期ゴシック建築は垂直式といわれる。図では縦材のマリオンと横材のトランサムが直交するように配置され、パネル風の特徴的な効果を醸し出している。垂直式の名は主にここから来ている。

フードモールディング Hood molding

これは16世紀初期に作られた英国の窓。窓の頭部は四角く、トランサムで分けられた2列の開口部の頂部は四心円。窓の外側にはフードモールディングがかけられている。これは3つの辺を持つ突起した帯状構造で、両端に装飾がなされているのが普通。雨がガラスに流れこまないようにする効果がある。

カスプのないトレーサリー

Uncusped tracery

ヨーロッパ北部に初期ルネサンス時代が訪れるとそれまでのフォルムが解体していき、半円アーチなどの古いモチーフが再び取りいれられるようになった。パリの聖ユスターシュ教会（1532年着工）の円頭の窓の区切りにはカスプがない。また、それまでの凝った造作に頼ることなくオジーが流れるような力強い曲線を描いている。

ルネサンス様式とゴシック様式のミックス

Mixed Renaissance and Gothic

このフランスはノジャン・シュル・セーヌにあるサンローラン教会の16世紀に作られた窓では、ゴシックとルネサンス様式が混在している。背の高いマリオンがあるなど窓全体としてはゴシック時代の雰囲気が残っているが、回り枠にはルネサンスに影響された装飾モチーフがあしらわれている。

ルネサンス様式 *Renaissance*

イタリアの初期ルネサンス時代の窓は、大きな窓の中に円頭を持つ2つの開口部があるバイフォレイト窓が多い。ちなみにこれは先立つゴシック時代の形式を借りたものだ。ただしペディメントやコーニス、古典的な柱やピラスターなど古代ローマの形式が次第に主役の座につくようになる。エンタブレチュアの中におさめられたローマ様式のアーチ形窓も人気があった。ルネサンスが推し進められるにつれて窓は次第に長方形になり、頭部にペディメントをつける仕様になった。装飾的な小さい破風が開口部上に乗せられたわけである。ヨーロッパ北部では引き続きマリオンとトランサムが人気だったが、やはり長方形とペディメントが急激に数を増す。

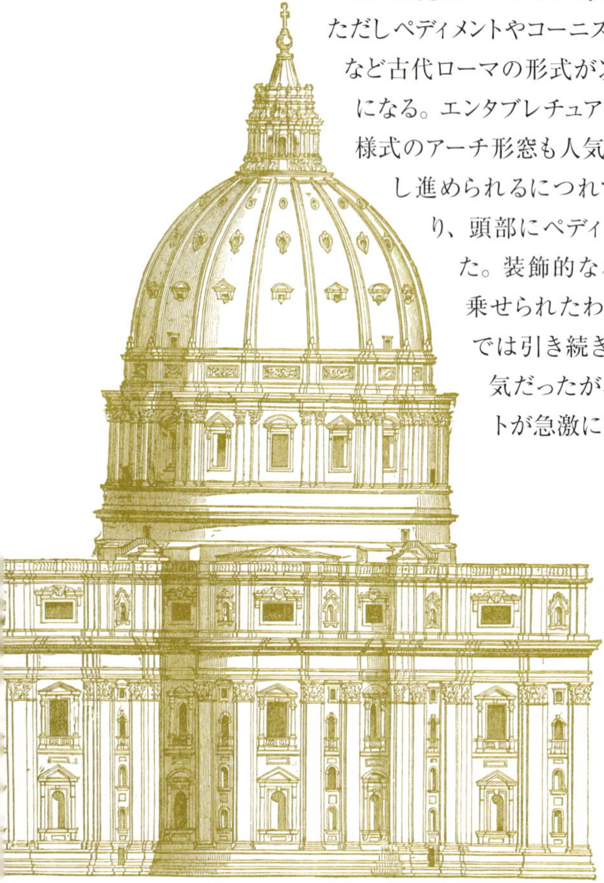

交互に並ぶペディメント

Alternating pedimented

図はローマの聖ペテロ教会の東端。ペディメントが冠された背の高い長方形の窓と、やはりペディメントを持つ丸いニッチの組みあわせが趣向と変化を醸し出す。クリアストリー窓は横長の長方形で、装飾的な持ち送りに支えられるコーニスを備えている。

アーチ形 Arched

15世紀に建造されたヴェネチアのスクオーラ・グランデ・ディ・サン・マルコには、ローマ様式のアーチ形を持つ窓がある。ピラスターの上にエンタブレチュアが乗せられ、さらにペディメントが冠された枠内に窓がおさめられている。円頭のニッチおよび半円の破風と組みあわせられていて、ほとんどゴシック時代の名残がない。

バイフォレイト窓 Biforate

図は16世紀初期のヴェネチアに作られた宮殿のバイフォレイト(双子)窓。大きな半円アーチの内側が円頭の区画に二分され、上にはラウンデルがつけられている。ヴェネチアンアーチともいわれるこの造作は、ルネサンス時代のイタリアとヨーロッパ北部の両方で非常に人気が高かった。

マリオンとトランサム Mullion and transom

16世紀後半になる頃には窓の形は長方形が一般的になり、縦材のマリオンと横材のトランサムを交差させて多くの区画に仕切るようになった。ウィルトシャー州のロングリート館(1570年代)など英国ルネサンス時代の大邸宅は大きな窓がたくさんはめこまれる場合が多く、主人の裕福ぶりがうかがえる。

ベイウィンドウ Bay

ルネサンス時代の宮殿や大邸宅では、隣接する塔の形を反映させた背の高いベイウィンドウをファサードの所々に配置する作りが多かった。16～17世紀に建てられたデンマークのフレデリックスボルグ城では、切妻壁とメインファサードの四角い翼にカーブしたベイウィンドウが配されている。

バロック&ロココ様式 *Baroque & Rococo*

バロック建築全体の傾向と同じく、バロック様式の窓もルネサンス様式を基礎に作られている。ただしはるかに手のこんだ仕上げで形のヴァリエーションも豊か、特に曲線が目立つ。一番よく使われたモチーフはペディメントで、ブロークンアペックス(頭部が欠けたもの)やブロークンベース(底部が欠けたもの)など新たな様式と形を持つペディメントが考案された。バロック後期とロココ時代にはきわめて複雑な作りのペディメントが多く作られた。楕円形のウィユ・ド・ブフ(卵形窓、ブルズアイ)など新たな形の窓や、ルスティカ仕上げ・帯積み・巨大な要石などを利用した新タイプの回り枠も登場した。

バロック時代らしい組みあわせ

Baroque combinations

これはオーストリアのザルツブルクに建てられたコレーギエン教会の窓。バロック時代後期の特徴であるヴァリエーションの豊かさと独創性を見ることができる。主後陣と塔では、要石の突きだす円頭の窓と凝ったペディメントをいただく窓が組みあわせられている。身廊とドームのクリアストリーには楕円形の窓がある。

ブロークンベースのペディメント

Broken-base pediment

図はフランスのディジョンにある16世紀に建てられたオテルドゥヴォーグの窓頭部。底部が二分されているブロークンベースペディメントがある。さらに花輪にはさまれた女性の胸像が足され、表情豊かで凝った外観に。

ウィユ・ド・ブフ *Oeil-de-boeuf*

バロック時代には楕円形または円形の窓が人気で、これはウィユ・ド・ブフ（卵形窓）またはブルズアイと呼ばれた。装飾的な回り枠をつけることが多く、たいていは破風やドーマー、屋根に配された。一風変わったその形が建物上部の外観に趣向を盛りこんでいる。

ドロップトキーストーン Dropped keystone

この窓には大きすぎるくらいの要石（キーストーン）が3つつけられていて、その下端が回り枠の上縁を越えて垂れている。この配置を“ドロップトキーストーン”といい、バロック時代によく使われた。窓頭部を強調するとともに、ここでは目立つルスティカ仕上げのブロックの回り枠と合わせられている。

フランス窓

French window

縦に長い開き窓で、床面まで大きく開き、ドアのようにくぐってテラスやバルコニーに出られる窓をフランス窓という。パリの王室広場などフランスルネサンスとバロック様式の建築に由来し、現在は一般住宅にも広く使われている。

パラディオ様式 *Palladian*

アンドレーア・パッラーディオは16世紀のイタリアルネサンス時代に活躍した建築家だが、彼の作品を取りあげた出版物が18世紀の建築界に大きな影響をもたらすことになる。中でも影響が顕著なのが窓のデザインで、パッラーディオ自らよく使った窓のスタイルが、18～19世紀の新古典主義建築の重要なモチーフとして利用されるようになった。彼の名を冠したパラディオ式窓は中央に半円アーチの開口部があり、その左右を小さめの四角い窓がはさむ。中央アーチは両窓のエンタブレチュアが支える形だ。パッラーディオは破風やクリアストリーなど高所の造作によく配された半円形の窓、いわゆるディオクレティアヌス窓も活用した。

複合的なパラディオ様式 Multiple Palladian forms

18世紀初期にロンドンに建造されたバーリントンハウスには、パラディオ式および新古典様式でも一番よく使われたスタイルの窓がすべて取りいれられている。下階の窓は突きだしたドロップトキーストーンがつけられてルスティカ仕上げの壁が囲む。両脇の窓はパラディオ式だ。中央部の窓には尖頭形と半円形のペディメントが交互に配されている。

パラディオ式窓 Palladian window

アンドレーア・パッラーディオによって広められたパラディオ式窓はヴェネチアン窓またはセルリオ式窓とも呼ばれ、新古典時代に大変人気が高かった。中央の半円アーチの開口部を、対になった小さめの直線的な窓が左右からはさんでいる。小さい方の窓には柱とエンタブレチュアがある。ドアもこの形式で仕立てることがあった。

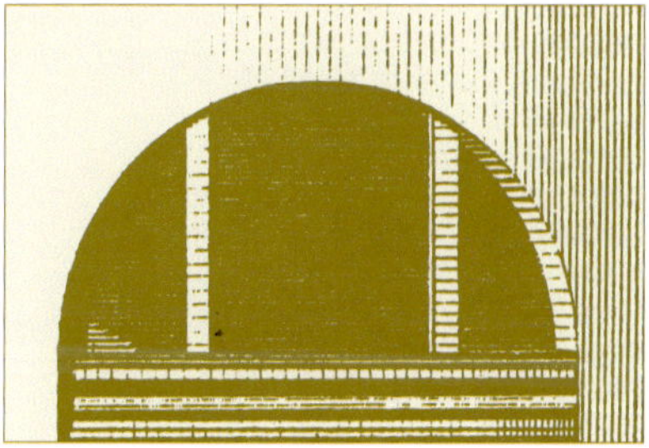

ディオクレティアヌス窓 Diocletian window

半円形の窓で通常は垂直に立つ2本のマリオンで3つに区切られたもの（図）は、ディオクレティアヌス窓または浴場窓と呼ばれる。ローマに4世紀初期に作られたディオクレティアヌス帝の浴場（テルマエ）の窓に由来する。新古典主義時代、破風窓など高所につける開口部の仕様として広く使われた。

パッラーディオの影響 Palladian influence

18世紀、パッラーディオのデザインが一般住宅の設計に大きな影響を与え、ジョージ王朝様式（英国）とコロニアル様式（米国）へとつながった。長方形をした箱形の間取りや寄せ棟屋根ばかりではなく、パラディオ式窓——ここでは1階に用いられている——とペディメントも人気を博した。

ルスティカ仕上げの回り枠 Rusticated surround

これは18世紀初期に建てられたロンドンの住宅。ルスティカ仕上げのアーケード内に窓がおさめられている。1階のアーケードはシンプルだが、上階ではピラスターとエンタブレチュアの枠が加えられている。開口部にはサッシ窓がつけられていたと思われるが、ここでは図解されていない。

新古典様式 *Neoclassical*

18世紀後期と19世紀初期の新古典主義時代、ルネサンスやバロック、パラディオ主義時代を席巻したローマ様式風の形式が廃れはじめ、ギリシャ様式が採用されるようになった。特にポルティコや連続するコロネードが重要視されたが、問題も持ち上がった。古代ギリシャ神殿には窓がなかったため、建築家はポルティコ設置と屋内への採光を何とかして両立させようと苦心惨憺するはめになったのである。窓そのものの形としては長方形のサッシ窓が最も一般的で、ファサードに心地よい調和感を醸し出すため、窓のサイズを変えてあしらうことが多かった。

ガラス張りのコロネード

Glazed colonnade

図はフリードリヒ・シンケルが設計したベルリンにあるシャウスピールハウス（劇場、1818-21）。窓がほとんどない古典的な神殿形式と多くの窓を必要とする建物を融合させる必要が生じたとき、かの偉大な建築家がどのような手法を取ったかがわかる。建物の脇に、大半にガラスをはめたコロネードを配して問題を解決したのである。

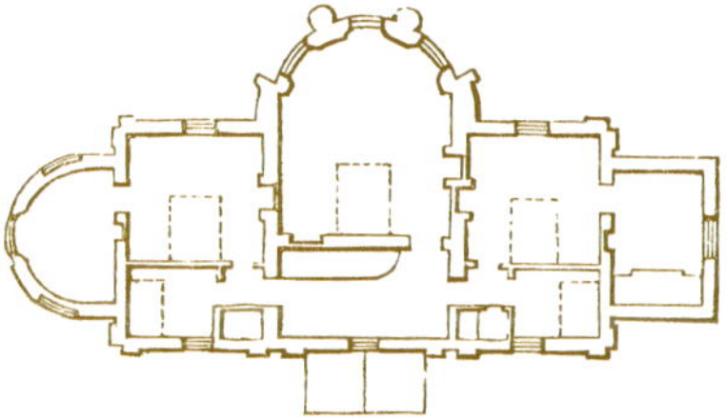

サッシ窓 Sash window

図はもう取り壊されてしまったニューヨーク市のアプソープハウス（1762年建造）。メインフロアにはペディメントが乗った長方形のサッシ窓が、上階とドーマーには小さめの四角いサッシ窓がはめこまれている。部屋の用途と位置によって窓のサイズも変わるため、住まいの一番上にある窓はやはり小さい。

ボウウィンドウ Bow window

弓形にカーブしたベイウィンドウは通常ボウウィンドウと呼ばれ、エクステリアに優雅でエレガントな輪郭が生まれる。ボウウィンドウは特に18世紀後期と19世紀初期に人気が高く、室内にも同様の曲線を使って楕円形の部屋を作ることもあった。

新古典的モチーフ Neoclassical motifs

これは米国はマサチューセッツ州のセーレムに1800年頃建築された住宅。18世紀にスコットランドで活躍した建築家ロバート・アダムの影響を受け、典型的な新古典主義的モチーフが使われている。下階の窓はブラインドアーケード内に、上階の窓はピラスターの枠内に配置されている。最上階に小さく四角い窓をつける作りはこの時代の定番。

新古典様式のヴィラ Neoclassical villa

これは19世紀初期に英国に建てられた新古典的神殿スタイルをまとったヴィラ（邸宅）。いくら神殿風でもサッシ窓のおかげで住まいという本当の用途がわかってしまう。ポルティコは正面のみに配するのがベストとする建築家も多かった。そのほうが室内の採光がよくなるからだ。

ヴィクトリア朝様式 *Victorian*

ヴィクトリア時代は一連の復興様式と、様々な時代の要素を取りいれたいくつもの折衷様式が主役だ。窓の主な形式は引き続きサッシ窓だったが、ゴシック復興様式を思わせる尖頭アーチや、アン女王朝様式の印である多彩なパターンの桟を使うなど、それまでとは異なる形を取ることもあった。特に人気が高かったのがベイウィンドウだ。19世紀半ばには前面が平らで側面が斜めになっているカンティッドベイウィンドウが一番一般的で、19世紀終わり頃と20世紀初頭には平らで四角いベイウィンドウが好まれた。ただしカンティッドベイウィンドウも使われ続けた。

テラスハウスのベイウィンドウ

Terraced bay window

ベイウィンドウはテラスハウス、つまり都会の連続住宅でとてもよく使われた。それほど大きなスペースを取らなくても、閉鎖空間に採光量を増やせたからだ。また長くて変化のない通りになりがちな長いファサードに、ぐっと心躍るようなリズムを添えた。

ゴシック様式のサッシ窓 Gothic sash window

ゴシック復興時代はゴシック様式のサッシ窓が作られた。図はその例で、尖頭やオジー形の頭部を持つアーチやフードモールディングと、引いて開ける一般的なサッシ窓を組みあわせている。こういう窓を使えば基本的な建築法を変えなくてもゴシック様式の雰囲気が出せる。

アン女王朝様式のベイウィンドウ Queen Anne bay window

小さな正方形と長方形の窓口を組みあわせた幾何学的なパターンを組みこんだ(通常は上部に配する)窓は、いわゆるアン女王朝様式の装飾でも鍵となる要素だ。19世紀後半に人気を博したこのスタイルは、18世紀初期に英国で用いられた本当のアン女王朝様式とはまったく関係がない。

屋外のブラインド Outside blind

これはエクステリアにつけた木製のペルメットかヴァランスのようなフレーム。時折18〜19世紀の住まいに見ることができる。装飾としての役割はもちろん、外につけるキャンヴァス地の日よけやブラインドをおさめる建具としても使われている。この種のブラインドは当時大流行した。

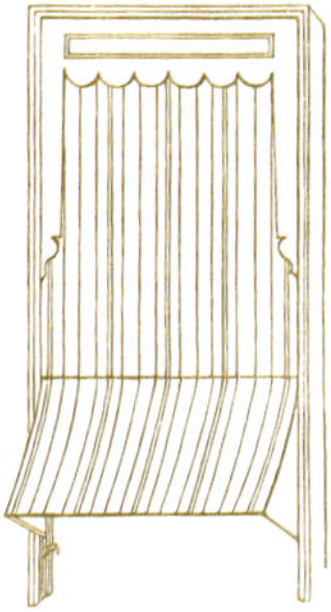

1枚ガラスのサッシ窓 Full-pane sash window

この窓のサッシ(窓枠)にはそれぞれ1枚のガラスがはめられていて組子がない。19世紀半ばから一般的になったアレンジメントで現在も引き続き使われている。大きなガラス窓が可能になったのは、ガラス製造技術が発達して広い面積の板ガラスを作れるようになったおかげだ。

商業施設 *Commercial*

一面ガラス張りの現代的なショーウィンドウは、ごく最近になって考案されたものだ。古代にも店はあり、古代ギリシャでは“ストア”というショッピングセンターも存在した。ただしこれはどちらかといえば後部に倉庫を持つ露店のような体裁だった。中世になると、市街地では木製シャッターで窓口を開け閉めする店舗専用の建物が広く見られるようになる。18世紀にガラス製造技術が進歩すると店舗の表構えにガラスが用いられはじめ、また19世紀後半から20世紀にかけて板ガラスとカーテンウォール工法が取りいれられたことで、総ガラス張りのショーウィンドウが可能になった。

中世の陳列窓

Medieval store window

中世の陳列窓にガラスははまっていなかった。図の中世後期のフランスの店のようにシャッターで閉める作りだったのである。シャッターを開くと上は日よけに、下はカウンターになった。夜はシャッターを閉じて鍵をかければ泥棒よけに役だった。

ボウフロントのショーウィンドウ

Bow-fronted store window

これはロンドンにある弓型張出しすなわちボウフロントのショーウィンドウ。ガラス製造技術の発達によって製作が可能になった。18世紀に人気を博したタイプで、今も残る数少ない例の1つ。カーブしたガラス板が桟(組子)によって固定されている。窓の下には“ストールライザー”という隙間のない木製の部分がある。

アン女王朝様式の店先 Queen Anne store front

これは19世紀の典型的な店先で中央ドアがある。一番下には隙間のないストールライザー、その上には広い板ガラスのディスプレイウィンドウが配されている。一番上にしつらえられたアン女王朝様式の装飾的な部分は、店頭に並ぶ品のディスプレイを邪魔しないよう高い位置に。

分割されたディスプレイウィンドウ

Divided display window

スコットランドのグラスゴーにあるエジプシャンホールズ(1873)の1階には大変大きいウィンドウが配されている。ファサードの構造材に鋳鉄を採用することでこの作りが実現した。ただし窓ガラスそのものはやはり木材のフレームが支えていて、ディスプレイウィンドウの柱間にはそれぞれに支持柱がつけられている。

連続したディスプレイウィンドウ

Undivided display window

ロンドンにあるピーター・ジョーンズ・デパート(1932-36)のディスプレイウィンドウは、途中が構造的な柱で仕切られていない総ガラス張り。ディスプレイウィンドウの上に巨大な鉄骨を使うことで実現した。このタイプでもごく初期に作られた例の1つ。

現代様式 *Modern*

20世紀のモダニズム建築の特徴は装飾がないことだ。現代的な窓は、枠回りにディテールのない、ガラスがはめこまれたシンプルな開口部という形を取るのが普通。また大小様々なサイズにすることも多い。こうすることで必要以上のオーナメントを使わずとも十分におもしろみのある表情が出るためだ。広い面積の板ガラスが使えるようになり、大スパンの鉄骨やカーテンウォール工法など構造技術が発達したおかげで、連続した大面積の窓と総ガラス張りの外壁が作れるようになった。それでも住宅など小さい建物では、大規模な建造物ではとうに廃れてしまったサッシウィンドウなどの古いスタイルが引き続き人気だった。

空隙のパターン

Pattern of voids

1935年、ロンドンに建築されたハイポイントの窓には装飾こそないが、連続する壁面に対して空隙（ヴォイド）のパターンを構成している——モダニズム建築の典型的なしつらえだ。大きなピクチャーウィンドウと小さめの開き窓がおりなすサイズのヴァリエーションと、窓につけられたバルコニーもこの効果を担っている。

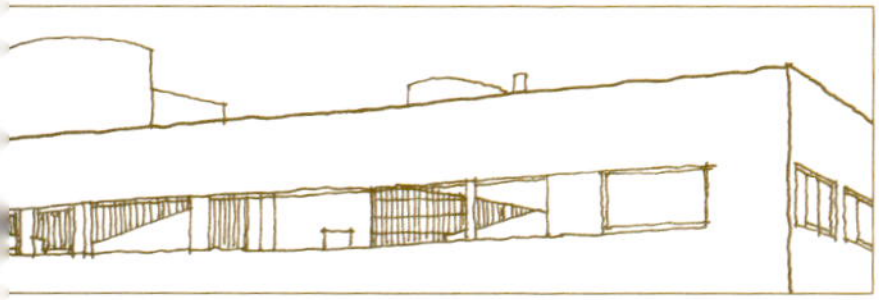

リボンウィンドウ Ribbon window

縦よりも横が著しく長いこのような窓はリボンウィンドウと呼ばれる。途中で縦方向の支柱を入れなくても重荷重を支えられる大きな鉄骨など、20世紀に開発された新たな建築技術によって実現した。

郊外のオリエルウィンドウ Suburban oriel window

図のように、地面近くの壁から突きだした小さなベイウィンドウをオリエルウィンドウという。ゴシック時代に人気があったが、19世紀後期と20世紀になって復活した。1930年代に建てられたこの住宅では、サッシ窓とオリエルウィンドウが組みあわせられている。

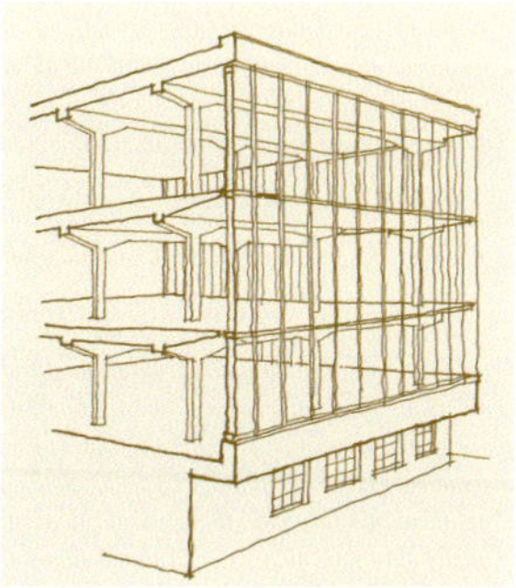

カーテンウォール工法によるガラス窓 Curtain-wall glazing

まるでガラスでできたような建造物は20世紀の建築でもとりわけ大きな特徴。このイラストレーションはドイツのデッサウにある有名なバウハウス建築学校。内部構造と、窓を構成する外部のガラス製カーテンウォールの作りがわかる。

密閉窓 Sealed window

20世紀後期に作られた窓のデザインでは、現代的テクノロジーが重要な役割を果たしている。ニューヨークに立つシーグラムビルもその例。現代になって建てられたビルのガラス製ウィンドウウォールは開かないものが多く、利用者は空調設備に頼らざるを得ない。外観は目を見はるほど素晴らしいが、環境的には問題がある。シンプルに窓を開けるよりもはるかに多くのエネルギーを消費するためだ。

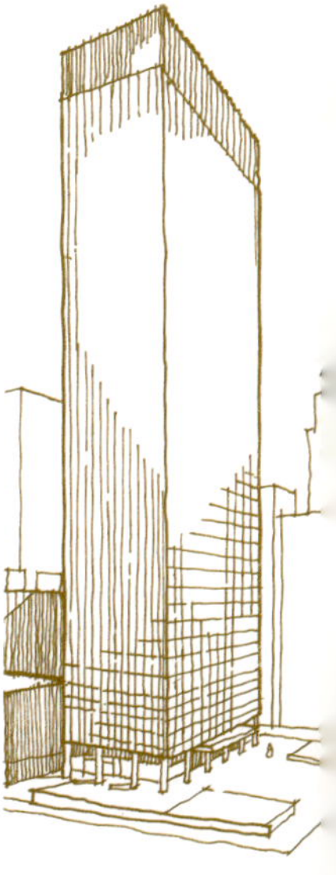

STAIRWAYS

イントロダクション *Introduction*

階段

ごく基本的なことをいえば、階段は建物の中である階から別の階に移動するための手段だ。しかし実際は建築デザインの中でもはるかに重要な位置を占める。屋内か屋外かを問わずドラマ性と威風を添える力があるし、人を中へといざない、また逆に他階へのアクセスを難しくしたりする。階段のデザインは時の流れとともに変わってきたため、時代を特定する有力な手がかりになる。階段の位置と特徴を見れば、その建物が目的とする用途をうかがい知ることもできる。

基　壇 Podium

イタリアはパエストゥムに紀元前6～紀元前5世紀に作られたこの神殿のように、階段のついた基壇（ポディウム）はギリシャ神殿に威風を添える。また柱の堅固な土台にもなる。柱が立つ最上段はスタイロベートといわれる。

らせん階段 Spiral stair

中世に一番多く作られた階段は、中央親柱（軸柱《ピラー》）の周囲に取りつけるらせん階段だ。木材でも作れるし、図のように石材を利用することもできる。狭く見通しもよくないので防御しやすく、特に城によく使われた。

吹き抜け階段 Well stair

ルネサンス時代になるとらせん階段の人気は下火になり、入れかわるように吹き抜け階段が作られるようになった。これは1605年頃に作られたケント州のノウルハウスの階段。オープンな吹き抜けに直線的な短い階段が折り返して上っていく。コーナー部の親柱には凝った装飾を施すことが多い。

エントランスの階段 Entrance stair

これはアンドレーア・パッラーディオ設計、1577年着工のヴェネチアにあるレデントーレ聖堂。エントランスにドラマ性を添えるために幅広い階段が使われている。ピラスターのおかげでドアに向けて階段が狭まるように感じられ、礼拝者を中へといざなう。

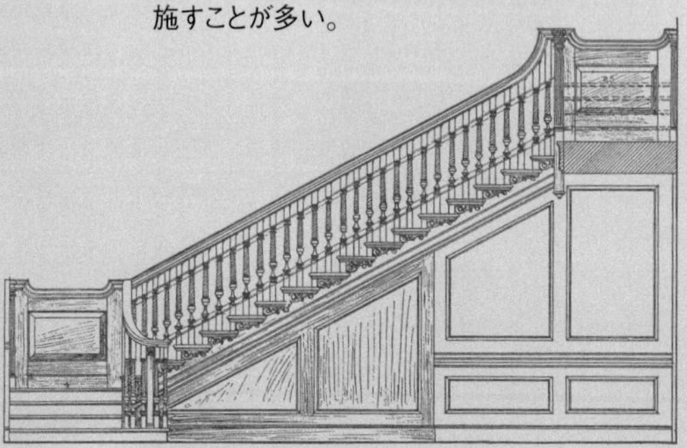

真っ直ぐな階段 Straight run

新古典主義時代とヴィクトリア朝時代、長く直線的な階段とエレガントでなだらかな曲線（特に手すりに使われた）が流行した。これは18世紀に作られた例で､長く真っ直ぐな階段が続き、下の親柱を軸に手すりが優雅な曲線を描いている。

構 造 *Construction*

階段とはしごは高さも違うが、階段のほうは奥行きを持つ点が異なっている。奥行きのおかげで上りやすくなるので重要なポイントだ。一段ずつしっかり足を乗せられるのはもちろん、真上に上がるよりも斜め上方へと進む動作の方が楽なのである。階段の各部分はどれも上りやすくするために関連し合った作りになっている。階段を構成する基本的なパーツは水平部分の踏み板と垂直部分の蹴こみ板だ。これを固定するのが側面の側桁《がわげた》で、バラスター(手すり子)が手すりを支えて階段から人が落ちないようにする役割を果たす。

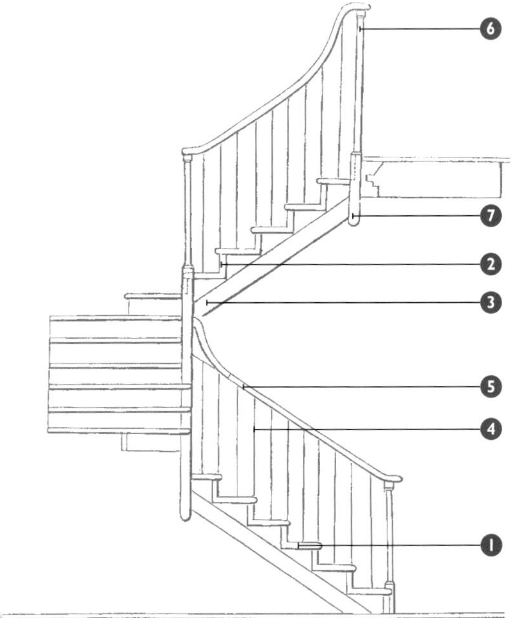

階段の各部 Parts of a staircase
これは階段の重要な部分を示す図。踏み板(1)、蹴こみ板(2)、脇の側桁(3)。またバラスター(4)、手すり(5)、親柱(6)もある。上部と中間の親柱の下側は垂れ飾り(7)で装飾が施されている。

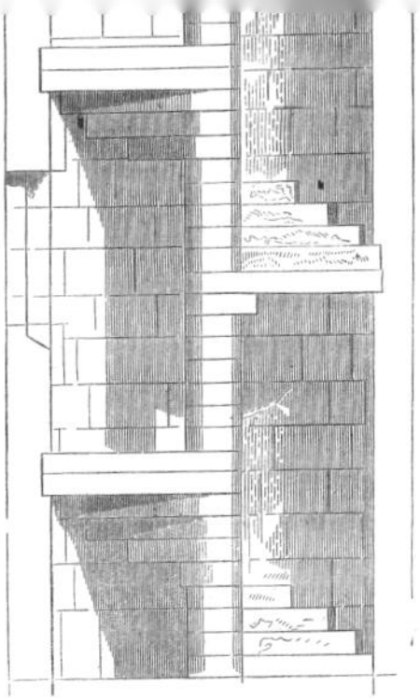

らせん階段の構造 Spiral-stair construction

らせん階段の断面図を見ると踏み板がどのように並んでいるかがわかる。各段とも石ブロックから丸ごと切り出され、端が中央親柱になるように積み重ねられている。親柱の重量によって階段の片端が固定され、もう片端は壁に埋めこまれている。

互い違いの踏み板 Alternating treads

踏み板の数によって階段の高さも変わってくる。設置スペースがわずかで急な階段をつけなければいけない場合、踏み板を図のように互い違いに組むことがある。これなら同じ高さで踏み板の数を倍にできる。ただし上りにくい。

ささら桁階段 Open-string stair

これはごく一般的な階段で、踏み板の端と蹴こみ板の側面が見え、“ささら桁階段”という名がついている。対照的に側桁階段は踏み板と蹴こみ板の端をカバーする斜めの側桁がついている。

吹き抜け階段 Well stair

吹き抜け階段は図のように中央空間、すなわち吹き抜けを囲むように上る階段のことだ。複数の短いフライト(一続きの階段)から構成され、踊り場ごとに直角に曲がる作り。親柱が主な支柱となり、階段は壁にもしっかり固定されている。

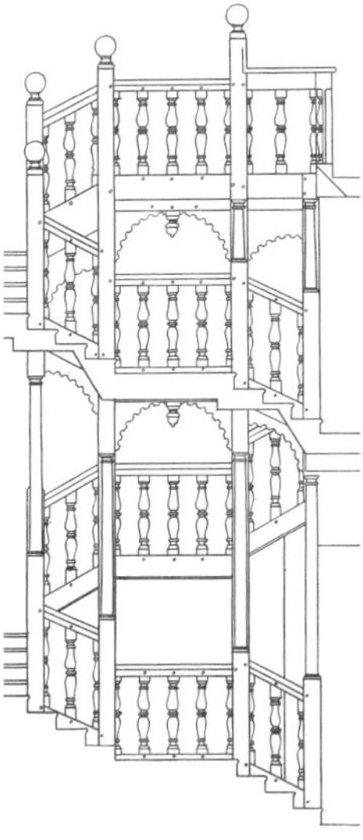

中世時代 *Medieval*

中世の城や教会では階段がデザインの中で重要な役割を担っていた。教会では階段つきの台の上に祭壇を置いて典礼にドラマ性を添え、教会の後ろからでも祭壇が見えやすくした。中央親柱の周囲に円を描くらせん階段は、城と大邸宅で上階と下階を結ぶ一番一般的なタイプの階段だった。城の場合は攻撃をしかける側が上方の階にたどりつきにくいように設計されていることが多い。小さめの住宅ははしごでも上り下りしていたが、これはほとんど残っていない。

階段つきの祭壇台

Stepped altar platform

中世の教会の祭壇は台の上に乗せて高くするのが普通で、幅が広くて短い階段で上がる。図はイタリアのラヴェンナにある教会の例。階段があるおかげで祭壇が教会の中で特別な場所として際立ち、祭典が行われていないときでも視線を引きつける。

屋外の階段 Exterior stair

これはノーフォーク州にあるキャッスルライジングの、高所に作られたエントランスに続く屋外階段。ロマネスク時代、この階段をのぼると上から見下ろす衛兵ににらみをきかされたことだろう。平和な時代には階段がエントランスにドラマ性と威厳を添えた。

階段小塔 Stair turret

らせん階段は曲線を描く空間か階段小塔におさめられるのが普通。この種の小塔の窓は、上にのびる階段の形にそった特有のパターンになっている。図のソールズベリーにあるビショップパレスもその例。窓が段階的に並ぶ配置から、階段の形がよくわかる。

宮殿の階段 Palace stair

らせん階段すべてが防備のために使われたわけではない。これは中世後期に建てられたフランスの宮殿の豪華な階段。凝った飾りを施した天井、大きなステンドグラス窓があり、幅が広いため複数の人が並んで上れる。左手のドアは小さめの使用人用階段に続く。

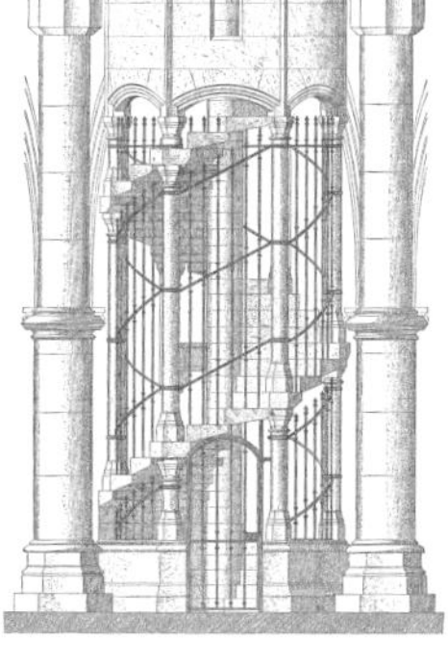

自立構造のらせん階段 Freestanding spiral stair

らせん階段は踏み板の外側端に何らかの支えが必要だ。ただしこのフランスにある見事なゴシック様式の階段のように、一枚壁を使わなくても可能。ここでは踏み板を固定するカーブした側桁の上に曲線状に並ぶ、小さい柱身のコロネードによって囲まれている。

ルネサンス様式 *Renaissance*

ルネサンス時代になると階段は広く複雑な作りになった。それまではもっぱら階段といえばらせん階段だったが、二重らせん階段や、直線階段が中央吹き抜けを囲む吹き抜け階段、曲線階段など多くの新しいデザインが登場する。階段中央に吹き抜けすなわち縦穴を配すると階段を支える手すりやバラスター（手すり子）が必要になる。バラスターは旋盤仕上げにすることが多く、複雑な左右対称パターンが特に人気だが、ほかにも様々なデザインがある。帯模様など現代的なオーナメントをベースにしたデザインもその一例だ。この頃は親柱にも潤沢に装飾が施された。

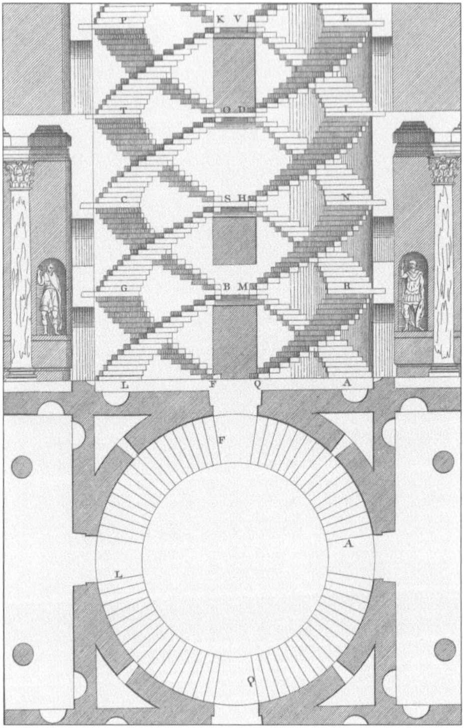

二重らせん階段

Double-helix stair

フランスルネサンス時代に建造されたシャンボール城の主階段は、別々のらせん階段を2つ組みあわせた二重らせん階段だ。ここにも複雑なデザインを好むルネサンス時代の気風が反映されている。片方の階段を上る人と別の階段を下る人が顔を合わせないこともある。

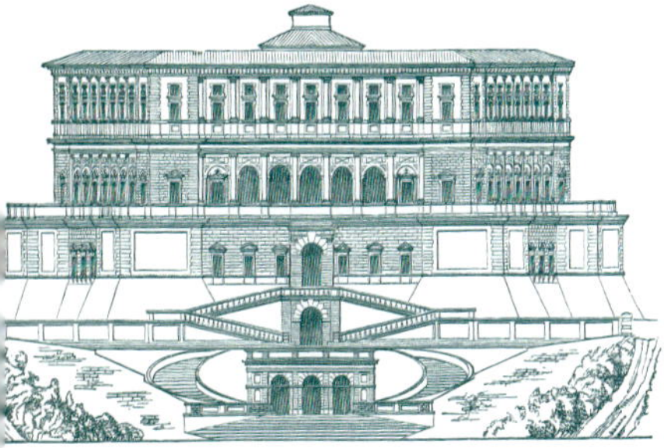

対の外階段 Twin external stairs

イタリアルネサンス建築の、ローマ近くに立つカプラローラの宮殿には2つの大きな外階段がある。1つは曲線、もう1つは直線状だ。これらによって宮殿のエントランスにドラマ性が添えられ、階段がつけられた急傾斜の印象的な外観が存分に生かされている。

装飾を施した吹き抜け階段 Decorated well stair

ほかの建築的な要素と同じく、階段の装飾もそのときの流行に影響を受けた。これは17世紀に建造されたロンドンはハイゲートにあるクロムウェルハウスの吹き抜け階段で、帯模様のパネルにトロフィーの装飾が施されている。親柱には現代的な服をまとった立像、コーナー部の下には目立つ垂れ飾り(ペンダントドロップ)がつけられている。

旋盤加工のバラスター Turned balusters

バラスターが非常に太いのもこの時代特有の造作。上部と下部が対称的になっているものも多かった。図は16世紀後期のバラスターで、旋盤加工されている。手すりは太く平らで、親柱には目立つフィニアル(先端装飾)が施されている。

スプラットバラスター Splat balusters

旋盤加工するのではなく、平らな木板を彫ったいわゆるスプラットバラスターもルネサンス建築でよく使われたタイプのバラスター。これは英国の例で、左右は対称だが上下は非対称的。形は先細りで中央を透かし彫りにして穴を開けてある。

バロック&ロココ様式 *Baroque & Rococo*

バロック時代のデザイン全体と同じく、バロック様式の階段も古典的なデザインのレパートリーを多く借用している。ただし変化を出して、くどさを感じさせることなく手のこんだ造作に仕上げている。先細りの花瓶形バラスターも人気があったが、18世紀にははるかに複雑なデザイン——らせん形やミニチュアの柱に見えるようなバラスター——も登場した。新たな素材(主に鋳鉄。この時代になって広く普及する)も利用され、木材では不可能だったデリケートなデザインが実現して見栄えのする階段が作れるようになった。踏み板と蹴こみ板の縁が見えるささら桁階段も導入された。

花瓶形のバラスター

Vase-shaped balusters

これはイニゴ・ジョーンズ設計、17世紀に建てられたロンドンのアシュバーナムハウス。その優雅な花瓶形のバラスターは大きな影響を及ぼし、シンプルきわまりない古典的な形をもとにしたバラスターがイングランドに広まった。シンプルな四角い親柱に平らな手すりなど、全体的にはイタリアルネサンスとバロック式バラスターをベースにしている。

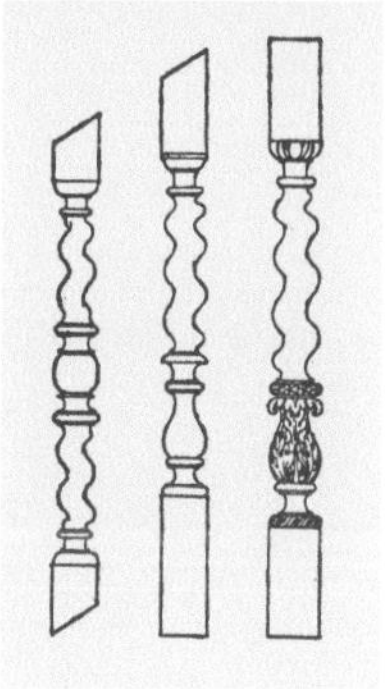

ツイストバラスター Twisted balusters

ツイスト(ねじり)バラスターは18世紀初期に人気が高く、この時代に作られた階段の大きな特徴となった。旋盤加工で作られた、大作りのコルク栓抜き形のものが多かった。ただし目の詰まったらせん形も見られる。

ミックスバラスター

Mixed balusters

18世紀中期、ツイスト形とらせん形、柱頭と柱礎をそなえたミニチュアの柱を取りあわせたバラスターを持つ階段が人気だった。標準的なパターンや組みあわせはなかったが、この種の階段では前記の3つを組みあわせた同パターンを各踏み板ごとにくり返すことが多い。

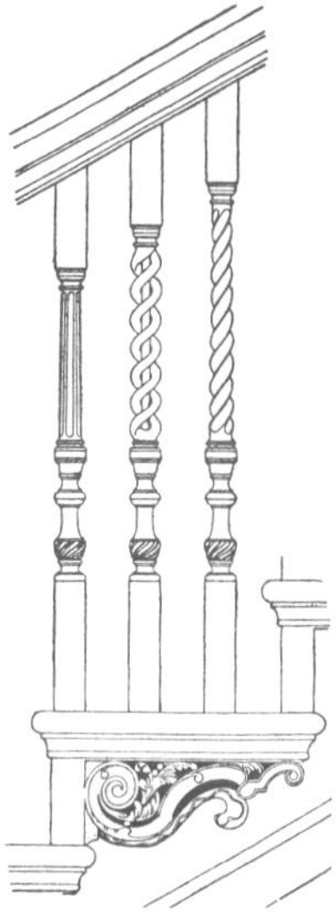

鉄細工のパネル Ironwork panel

17世紀後期から18世紀にかけて金属加工技術が発達し、鋳鉄のバラスターが人気を博した。軽量で丈夫なため繊細な模様を作ることもできた。当初はきわめて高価だったせいで、図のようなサリー州にあるハンプトンコートなど世間的に大きく取りあげられる建築物に使われたが、後になって幅広く普及した。

ロココ式バラスター

Rococo balusters

ロココ時代の特徴であるアシンメトリーなC形曲線もほかの装飾エレメントと一緒に階段のデザインに使われた。この鋳鉄製バラスターはC形曲線を使って踏み板間の段差を埋めていて、階段に連続的なラインを作りだしている。ささら桁階段になっている点にも注目。

新古典様式 *Neoclassical*

パラディオ様式と新古典様式の建築では、古代の階段をそっくりモデルにしてデザインされた階段が多かった。この時代の建築物で重要な要素となったのが階段つき基壇をそなえた神殿のファサードで、そのままファサードの主役としても登場したし、大規模なデザインの一部としても使われた。家が並ぶテラスハウスが普及するにつれて、階段にも新たな使いかたが生まれた。一段高くなった正面玄関と、地下の設備設置エリアの両方に続くスプリット階段もその例だ。屋内の階段はシンプルになり直線的な階段(ゆるやかな曲線と組みあわせることもある)が一般的になった。バラスターも古いモデルをベースにした形のものが新たに作られた。

階段つき基壇

Stepped podium

米国ヴァージニア州のモンティセロにあるトーマス・ジェファーソン設計の自宅には、ギリシャのモデルをほぼそのまま利用したような階段つき基壇に乗った目立つポルティコがある。ジェファーソンは王権や帝政と結びつけられがちなローマ様式ではなく、民主主義的なイメージのあるギリシャ様式を意図的に選んだ。

外階段 Exterior stair

ロンドンにあるバーリントン卿設計のチズィックハウス（1725年着工）はパラディオ様式のモデルに大きな影響を受けている。エントランス前部につけられた外階段は凝った作りでフライト（踊り場までの階段一続き）が複数あり、ルネサンス時代のローマのヴィラの階段がベースだ。ただし古代ローマにならった神殿風ポルティコと組みあわせられている。

エリア Area

新古典時代のタウンハウスには、“エリア”と呼ばれる地下のスペースに下りる短い階段がよく作られた。図のように下のドアへと続くのが普通。使用人や配達人が表玄関を通らずに地下へ行けるようにするために考案された。

サーキュラー階段 Circular stair

中央に親柱があるらせん階段とは違い、サーキュラー（回り）階段はオープンな吹き抜けを囲むように曲線を描く。サーキュラー階段は18世紀と19世紀初期に大流行した。図はロンドンの大きなタウンハウスに18世紀半ばに作られたもの。

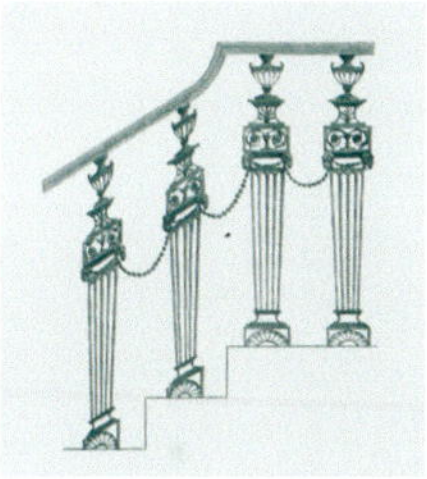

アダム様式のバラスター Adam-style balusters

新古典主義の重要な建築家ロバート・アダムがデザインした鋳鉄製バラスター（図）は先細りになっていて、上にローマ式の小さなランタンが乗っている。ごく薄くしても強度がある鉄の性質のおかげで、アダムのデザインの特徴でもあるきわめて繊細な模様が実現した。

復興様式 *Revival Styles*

19世紀の復興様式で建てられた建築物の階段は、当の建築家がイメージする時代のモデルをベースにしているのが普通だ。つまりゴシック復興様式の建物であればトレーサリー細工のバラスターが、ルネサンス復興様式ならばルネサンス風の広い階段がつけられているわけである。ただしかつてを偲ばせるこの種のモチーフはそれで完結してしまっている。昔のモデルの本当の形式とはほとんど無縁の標準的なデザインに加えられたモチーフという扱いなのだ。これは特に住宅の場合は顕著で、階段は通常スタンダードなパターンで作られ、バラスターと親柱に様々な時代やスタイルを思わせる各デティールが添えられた。

ゴシック復興様式の階段

Gothic Revival stair

これは19世紀初期に作られたゴシック復興様式の階段。バラスターのかわりに開口部を2つ持つトレーサリーパネルがはめこまれ、踏み板と蹴こみ板の端には側桁がつけられている。しかし直線階段とずんぐり目の親柱から明らかに中世ではなく19世紀の階段だとわかる。

特大の石階段 Oversized stone stairway

19世紀にパリに建造された最高裁判所の階段はルネサンス様式で、建物全体とも調和している。石造りで、重要な公共建築の中心部という目立つポジションにふさわしく仰々しいほどに大きい。

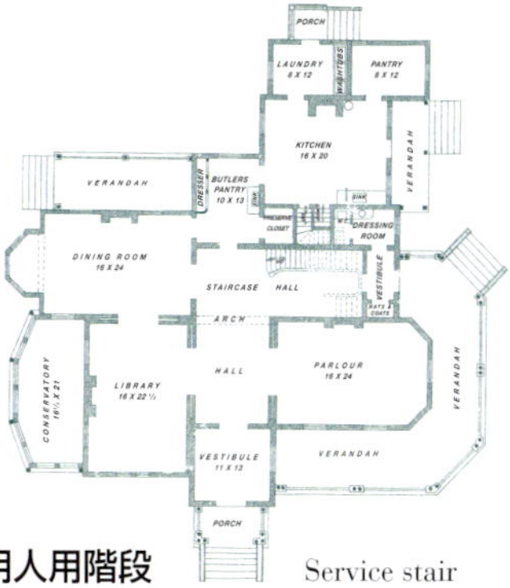

使用人用階段 Service stair

欧米では比較的最近まで、多くの家庭（中流階級の家庭でも）で使用人を雇っていた。条件が許せば使用人が家族用階段を使わずにすむようにもう1つ階段が作られた。図は1870年代の住まいで、階段が2つある。小さいほうの使用人用階段は直接キッチンに続いている。

大量生産のバラスター Mass-produced balusters

完全に機械化された旋盤が開発されたのにともない、19世紀には各種の回転加工バラスターが大量生産できるようになった。これは19世紀後期に発行された建築業者用カタログから。住宅建設業者が安価かつ気軽に導入できる様々なデザインのごく一部が掲載されている。

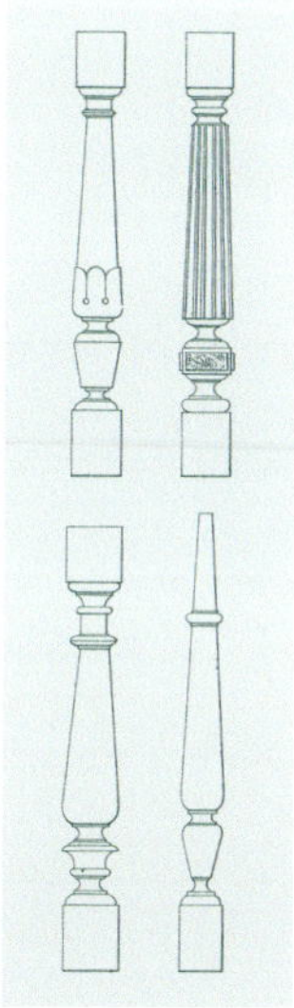

新古典様式の親柱 Neoclassical newel post

19世紀のデザイナーの面目躍如たる点は、古いスタイルの要素を組みあわせながらも、単なる模倣に終わらないでその時代のエッセンスをしっかり生かしたデザインを作りあげるところだ。これは1870年代に作られた見事な親柱で獅子頭や円花飾り、アカンサス葉飾りは新古典主義のモデルから取ったものだが、オリジナリティのないコピーにはなっていない。

現代様式 *Modern*

20世紀を迎えると高層ビルが次々に建ち、階段や昇降技術について新たな条件が求められるようになる。工場とオフィスには耐火性の階段が必要となり、徒歩で上れる階段の数にも限界があるため、高層建築物では上下方向に人が移動する手段が新たに入り用となった。一番主要な設備は19世紀に開発された電動エレヴェーターだ。動く階段であるエスカレーターも同時代に考案された。ただし昔ながらの階段も忘れてはいけない。建築家は最新の装飾デティールを使って引き続き階段のデザインに取り組んでいる。

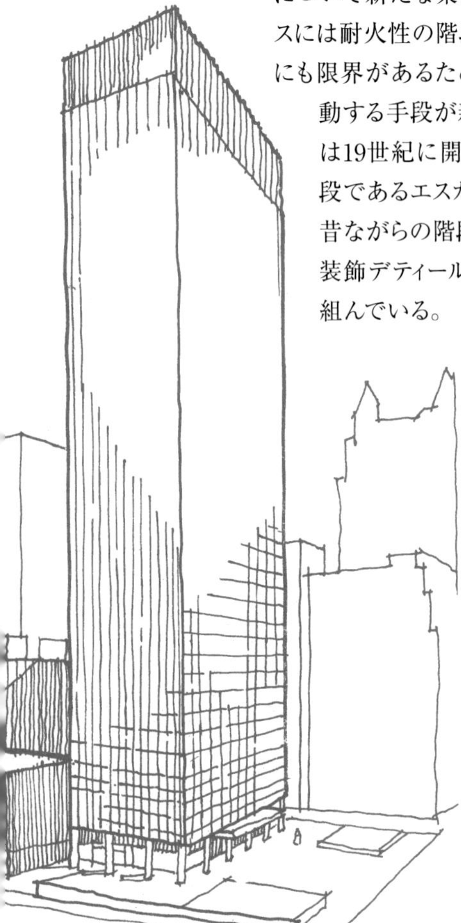

電動リフト Electric lift

高層ビルでは階の移動を楽にするため機械に頼ることになる。1度に数階分の階段しか上りたくないのが普通だからだ。ニューヨークのシーグラムビルのような超高層ビルを実現する鍵となったのが電動リフトの導入である。

鉄製のらせん階段

Iron spiral stair

19世紀、鋳鉄が安価になって普及すると図のような自立型の鋳鉄製らせん階段の人気が高まった。コンパクトで様々な天井の高さにも簡単に対応できるため、工場やオフィス、その他の商用ビルに幅広く用いられた。通常は塗装を施す。

アールヌーヴォー様式の階段

Art Nouveau stair

この階段はアールヌーヴォー期の建築家エクトール・ギマールがデザインした物。形が自在になる鋳鉄の性質を利用することで木材などほかの素材では不可能なフォルムに仕立て、優美きわまりない洗練されたデザインを生みだした。ただし階段の基本的なドッグレッグ（折り返し）形は19世紀のスタンダードなパターンをそのまま使っている。

エスカレーター Escalator

エスカレーターといえば階段が直線に流れるのが普通だが、図のカリフォルニアのショッピングモールのように曲線を描くものもある。デパートやショッピングセンターのエスカレーターは建物中央に設置されるのが普通。階を移動しながら商品をながめられるようにするためだ。

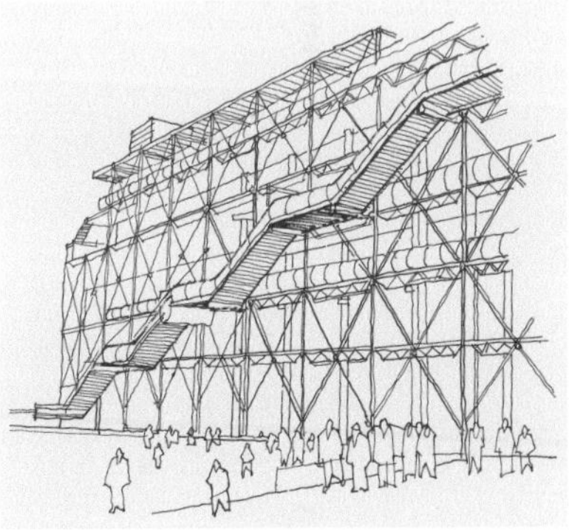

屋外エスカレーター External escalator

20世紀後期、建築家は階段の外見を存分に生かす方法や、上下方向への輸送手段を新たに模索するようになった。リチャード・ロジャースとレンゾ・ピアノが設計したパリのポンピドゥセンター（1971-77）では、エスカレーターが屋外に突きだしたチューブにおさめられている。

CHIMNEYS & FIREPLACES

煙突&暖炉

イントロダクション *Introduction*

古代ローマではハイポコーストという複雑な床下暖房システムが使われていたし、中世の城や宮殿には暖炉が備えつけられていた。しかし小規模な住宅に暖炉が普及したのは16世紀になってからだ。それ以前は住宅1つに1つのメインルームがあり、その中央に暖房と調理兼用の炉が据えられているのが普通だった。暖炉は煙道を通して煙突に煙が流れる作りになっていて、温まった空気を循環させるためにマントルピース(棚)がつけられていることが多い。暖炉と煙突はどちらもそのとき流行している様式で作られるので、時代を推しはかる有力な手がかりになる。

暖炉はいくつ

How many fireplaces?

家の中にいくつ暖炉があるか、普通は外から見える煙突から推測できる。暖炉それぞれに煙を煙突から出す煙道があり、通常は煙突のてっぺんに煙道がのぞいている。つまり煙道を数えれば暖炉の数がわかるわけだ。この家の場合は9つある。

ハイポコースト Hypocaust

図からわかるように、古代ローマではハイポコーストという複雑な床下暖房システムが開発された。一番多く設置されたのは浴場だが、宮殿やヴィラにも使われた。炉で作った熱を床下のスペースを通して伝え、上の部屋や浴用の湯を温めるのに利用した。

手のこんだ組みあわせ煙突 Elaborate chimneystack

フランスにあるシャンボール城（1519年着工）の組みあわせ煙突はとにかく凝った作り。ラウンデルやシェヴロン、菱形紋など様々な装飾が施されていて、ルネサンス時代の典型的な煙突だ。当時暖炉はきわめて高価で、手のこんだ組みあわせ煙突は主の富をこれでもかといわんばかりに見せつけるものだった。

凝った飾りの暖炉 Ornate fireplace

小さい住宅だと暖炉が部屋の主な装飾エレメントになることが多いが、大邸宅では全体的なデザインの一部として扱われるのが普通だ。図はロンドン近郊にある新古典様式のサイオンハウス内に作られたロングギャラリー。凝った暖炉が壮麗な装飾スキームに組みこまれている。

調理用炉 Cooking hearth

ごく最近まで小規模な住宅では炉が1つしかなく、調理とリビングスペースの暖房用の両方に使われていた。これは19世紀のフランスの住宅で、鍋を火にかけるための鉄製鉤に加えてマントルピース上にはオーナメントと平鍋があり、食事とリビング用に部屋を装飾している様子がわかる。

中世時代 *Medieval*

中世時代、メインのリビングスペース(大広間)の暖房は中央に切った囲炉裏に頼っていた。煙は高い天井から出したが、大邸宅では火事を防ぐためにキッチンを別の場所に作ることが多かった。おおいのある炉を備えるのは城や宮殿、大修道院などの大規模で豪壮な建物に限られ、その場合でも数は1〜2つだった。この種の炉は張り出した煙フードを柱またはコーベル(持送り)が支える形で作られるのが普通で、煙突そのものは壁面外側から突きだしていた。

囲炉裏 Open hearth
中世時代は大広間が家の中心で、さらにその中央に囲炉裏が切られていた。図のオックスフォードシャー州サットンコートニーのグレートホールのように、屋根を支える木材が上までむき出しで、煙が上に抜けるようになっている。また煙を外に出すためのスモークルーヴァー(煙出し)という排気口が1つ、または複数作られていた。

大修道院のキッチン Abbey kitchen

中世時代の城や宮殿、大修道院ではキッチンを別の場所に作ることが多かった。調理の匂いがリビングスペースに流れこむのを防ぎ、火事の危険を減らすためだ。また大人数の食事を供するために複数の炉があるのが普通だった。この大きな炉は、フランスはノルマンディのブランシュ・ドゥ・モルタン大修道院のキッチンに備えつけられているもの。

木材製煙フード Timber smoke hood

図はフランス中世の住宅。煙を上に導いて屋外に出すため煙突のかわりに木材の煙フードが使われている。煙突が木材製だと妙に感じるかもしれないが、直接炎は当たらないため安全に用いることができる。

キャノピーつき暖炉 Canopied fireplace

これはベルギーはブリュージュのジャック・クール邸にある、突きだした大きなキャノピーつきの暖炉。自立した柱が前部を支える構造は中世後期に作られた暖炉の典型例。炎は下の炉で起こし、煙はキャノピーで上に導かれ裏の煙突を通って外に出される。

屋外の組みあわせ煙突
External chimneystack

中世の煙突は壁の中に組みこむのではなく、図のように壁面外側につけるのが普通だった。これはもともと煙突がない設計の建物に煙突を足すことが多かったせいだが、構造上の安定性が危ぶまれたためでもある。

ルネサンス&バロック様式
Renaissance & Baroque

15〜16世紀にレンガ製造技術が進歩したおかげで煙突も普及したが、暖炉はまだとても高価だった。家の主は外側に意匠を凝らした組みあわせ煙突をつけて暖炉の存在を誇示した。オーナメントは当時の流行を反映したもので、ルネサンス時代の装飾は古典様式にヒントを得たオーランティカ(古代風)モチーフが特に人気だった。後のバロック時代とロココ時代にはしゃれたC形曲線やシェル形、渦巻形、花飾りで飾られた。暖炉の上に彫像をディスプレイする場となる、凝った作りのマントルピース(炉上の棚飾り)もこの時代に普及した。

複数ある組みあわせ煙突
Multiple chimneystacks

ウォーリックシャー州に16世紀初期に建てられたコンプトンウィニエイツにはレンガ製の組みあわせ煙突がいくつもつけられ、室内に数多くの暖炉があることを見せつける。らせん模様に菱形紋などデザインにもヴァリエーションがある。煙突の配置が非対称的なのは部屋の位置のせいもあるし、建物が時間をかけて建て増しされたせいもある。

装飾を施した煙突

Decorative chimney

15、16世紀になっても作りつけの暖炉は大変な贅沢で、暖炉を持つ家ではこれ見よがしに凝った煙突を作った。煙突には所狭しと装飾が施され、煙突同士でも異なるデザインになっているのが普通だった。たとえばケント州トンブリッジに16世紀に作られたこの煙突は特別に彫刻・成形されたレンガで建設されている。

フランスルネサンス様式の煙突

French Renaissance chimney

図は対になった精巧な作りの組みあわせ煙突。オーランティカモチーフで飾られ、ローマのサルコファガス（きわめて装飾的な石棺）のような形を持ち、ピラスター・ペディメント・仮面飾り・モールディング（卵鏃飾りなど）で装飾されている。古典的なモチーフがルネサンス時代になって新たな目的に転用され、富と権力の誇示に利用されたようすがうかがえる。

豪華なマントルピース Ornate chimneypiece

バロック様式の豪華な部屋の場合、暖炉そのものは大きな複合彫刻の一部でしかなく、上に装飾的なマントルピースが乗せられている。図はフランスのヴィルロワ城の例で、楕円形の花綱枠に囲まれた横向きの胸像がさらに大きなフレームにはめこまれ、彫刻つきのブロークンペディメントがかぶせられている。

鏡つきの炉上の棚飾り Mirrored overmantel

これはパリ近くのヴェルサイユ宮殿の暖炉。エレガントに渦を巻くC形曲線とシェル形の装飾が施された炉棚がある。暖炉上には窓を模した鏡が配されている。裏に煙突があるため、この位置に実際の窓をつけるのは無理だったはず。

新古典様式 *Neoclassical*

古典様式にヒントを得た建物の清廉な雰囲気には、外から組みあわせ煙突が見える作りはそぐわなかった。そのため新古典時代の煙突は大部分を屋根の中におさめるか、パラペットの裏に配して隠すことが多かった。ただしこの手段が使えないこともあった。暖炉と煙突の設計が改良され、暖炉は背が高く薄くなり、煙突は通気をよくするために長くなったからだ。暖炉の両脇にはピラスターが配され、上には突きだしたコーニスを思わせる直線的な炉棚が作られた。側面は無地の場合も縦溝をつける場合もあり、19世紀初期には隅部にブルズアイをあしらう仕様も人気があった。

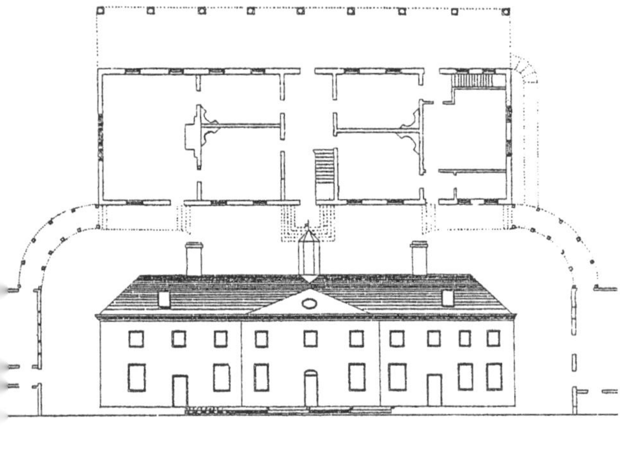

複数の暖炉

Multiple fireplaces

米国ヴァージニア州のマウントヴァーノンにあるジョージ・ワシントン邸（1757-87）には組みあわせ煙突が2つあり、それぞれが建物の端のほうに作られている。平面図を見ると複数の暖炉の煙を出せるようになっているのがわかる。どちらの組みあわせ煙突も主煙突の中に複数の煙道がおさめられていると思われ、煙道が束状になった部分はほとんど寄せ棟屋根の中に隠されている。煙突をこのような配置にすると2ヶ所で数部屋分の用を足せる。

一部が隠れている組みあわせ煙突

Partially concealed chimneystack

これはワシントンDCに建てる大統領官邸のコンペティション用にトーマス・ジェファーソンが設計した（1792）ものの、採用されなかった案。パラディオ様式のモデルを大きく取りいれ、中央ドームがあり、四方すべてにポルティコが配されている。暖房のためどうしても必要な組みあわせ煙突はほとんど寄せ棟屋根に隠されているが、それでも少し顔をのぞかせている。

エンドスタック End stack

この家では煙突《スタック》が脇すなわち“エンド”に配されている。おそらく上下に重なるように配置されている各階の暖炉の煙をまとめて排出していたと思われる。この作りはエンドスタックと呼ばれ、18〜19世紀に一般的だった。テラスハウス（連続住宅）にも応用できる。

アダム様式の暖炉 Adam fireplace

スコットランドの建築家、ロバート・アダムによるアダム様式で作られたこの暖炉は、グリークキー文様（曲折模様）などの新古典的な装飾モチーフをふんだんに使っている。コーニスの上に突きだした炉棚があり、両脇のピラスターには女性の頭像と花綱が描写されている。

ブルズアイのついた暖炉 Bull's-eye fireplace

このイラストは、19世紀初期に最も一般的だった暖炉を描いたもの。コーナー部にそれぞれラウンデルまたはブルズアイと呼ばれるモチーフがついている。ここでは炉脇に模様がついていないが、縦溝を掘ることもある。このデザインは大理石や塗装した木材でも可能。

19世紀 *19th Century*

19世紀の暖炉には2つの重要な特徴が見られる。1番目は色々な古いスタイルに由来するデティールを使う点で、ゴシック復興様式のほか、バロックや新古典様式など様々な時代の要素をミックスしたデザインなどが利用された。2番目は機能向上のために暖炉内部のデザインが変わったことだ。石炭を燃やす専用の小さい火格子を取りいれるなどもその例である。暖炉に用いられる建材も幅が広がり、鋳鉄製のもの(通常は塗装された)も登場した。装飾タイルも人気が高かった。

ルイ14世様式の暖炉
Louis XIV-style fireplace

19世紀、いくつかの時代のスタイルを折衷して暖炉に使うデザインが流行した。図はルイ14世が統治した17世紀中期のフランス風スタイルをベースにしたもので、石材を彫刻するか金属を鋳造して作ったのだろう。豪華きわまりない装飾が施されたインテリアの一部だったと思われる。

アーチ形インサート Arched insert

当時の主な燃料だった石炭を効率よく燃やす方法を模索するようになると、19世紀には暖炉内部につける器具のデザインも発達した。小さめの浅い開口部がベストだとわかり、図のようなアーチ形の鋳鉄製インサートが考案された。これを大きな炉脇に入れて使う。

鋳鉄製の暖炉 Cast-iron fireplace

図は19世紀後期の代表的な暖炉で、鋳鉄でできている。卵鏃飾りのモールディングと縦溝彫りのメトープなどに加え、繊細な花模様のデティールなどいずれも古典風のパーツが使われていて、複数の時代に由来するデティールが配されている。両脇にはタイルを張ったインサート、中には石炭を燃やすために作られた小さい火格子がある。

チムニーポット Chimneypot

これは19世紀初期に作られたチムニーポット（煙突陶冠）。チムニーポットは煙突を長くして煙を抜けやすくする装置。この2つのチムニーポットは多角形で、台座（プリンス）をはさんで実際の煙突の上に乗せられている。ただし通常は円柱形が多い。成型テラコッタ製が普通。

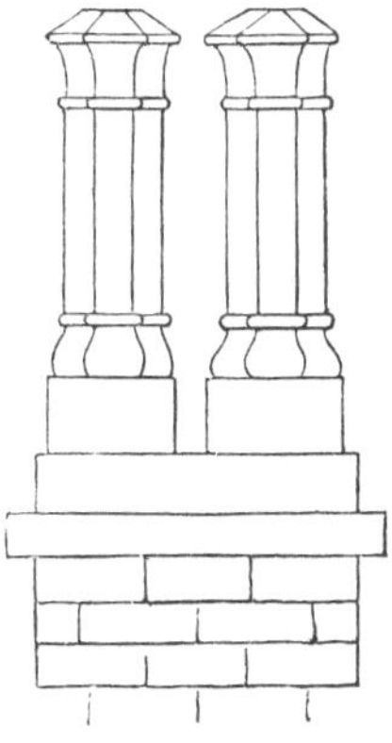

チューダー復興様式の暖炉

Tudor Revival fireplace

19世紀に作られたこの暖炉は、16世紀の英国の暖炉を模したもの。ゴシック復興様式またはチューダー復興様式のインテリアで使われたと思われる。長方形のフレームにきわめて簡素な四心アーチがおさめられている。アーチとフレームにはさまれたスパンドレルには長い三角形の装飾が施されている。

20世紀 *20th Century*

20世紀になり、石油やガス、電気を用いる新たな暖房装置が考案されると暖炉は急速に重要性を失っていった。ガスや電気の“炎”も暖炉を模した形に作られ、それまでのデザイン様式を受けついでいたが、セントラルヒーティングシステムが増えるとともに現代的な建物では暖炉が完全に不要となってしまう。公害も懸念されたため裸火、特に石炭が使用されなくなる。それでも本来の暖炉の人気は根強く、建築の際に暖炉を作る住宅も多い。ただしメインルーム1～2部屋に限ってつけられ、ほかの部屋は別の方法で暖房が行われる。

新タイプの暖房装置

New types of heating

ときには何かが“ない”ことで建物の概要や何が“ある”かがわかる。図の住宅は1930年代に設計されたもので煙突は1つだけ。ほかの部屋に暖房がないのではなく、ガスや電気、石油を使う新タイプの暖房ならば大きな煙突がいらないということ。

外にさらされた煙突 Exposed stack

おそらくは田舎の別荘として建てられた米国の住宅。外に突きだした石とレンガ造りの煙突は意図的にラフな作りにして過去の開拓時代風に仕立ててある。この種の復興スタイルは大きな住宅に使われなくなって久しいが、小規模の住まいでは長いあいだ人気を保ち続けた。

石炭ストーブ

Coal heater

囲いのあるストーブや暖房装置が初めて取りいれられたのは18世紀で、19世紀になると一段と進歩した。図は20世紀初頭のもので、ロココ風のデティールをあしらった手のこんだ作り。石炭を燃やして暖を取るが、暖炉にくらべてたくさんのメリットがある。中でも特筆すべきは排煙管だけで煙突が不要な点。

アールデコ様式の暖炉 Art Deco fireplace

このアールデコ様式の暖炉は、第一次世界大戦後に普及したガスや電気の"火"を使う暖炉の炉脇として用いられていたと思われる。この種の暖炉はタイルを張ることが多く、通常は無地1色にするが、模様をつけるタイプの人気も高かった。

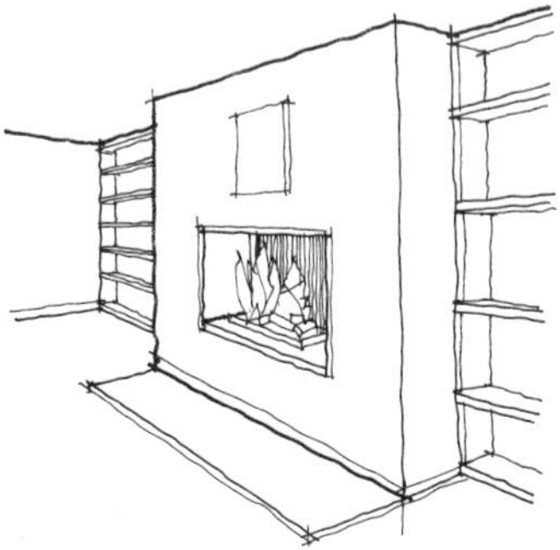

壁穴式暖炉 Hole-in-the-wall fireplace

裸火のそばに座りたいという願望は現在でも途絶えていない。デザイナーや建築家はこれに新たなデザインの暖炉で応えた。図のような簡素きわまりない"壁穴式"暖炉もその例だ。これならよけいなものをすべて排した最近のモダンなインテリアにも似合う。

ORNAMENT
装飾

イントロダクション Introduction

装飾は建築に欠かせない要素で、面に精彩を添え、特定の構造部分を引き立て、全体的に建物の魅力を高める役目を持つ。建築史上いつの時代のデザイナーも、人物や動物の像から葉と花、さらには種々の幾何学デザインまでありとあらゆるモチーフを利用してきた。ペディメントや破風など建築的な要素も装飾として使われるし、テクスチャーのちょっとしたヴァリエーションでさえも装飾効果は高い。この章では装飾オーナメントの主な種類を取りあげ、何世紀にも渡ってどのように使われてきたかを説明する。

光と影 Light and shade
彫りの深さが微妙に違うだけでも装飾パターンがぐっと複雑に見える。このブロックではルスティカ仕上げ——ブロック間の斜めの溝が作る影のパターン——が、平彫りよりもはるかに洗練された効果を生みだしている。

ペアのモチーフ
Paired motifs

同じモチーフをいくつも使うのは、いつの時代も変わらず使われてきたおなじみの装飾手段。これはドイツのシュパイアーにあるロマネスク様式の柱頭。首をからませた2羽の白鳥が入り組んだセンターピースになっていて、それが白鳥が実際につがう動作をも思わせる。

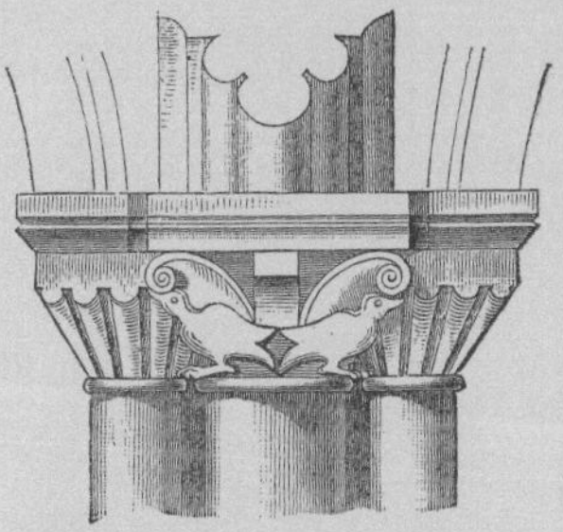

背中合わせ式のフォルム
Addorsed forms

デザインに深みと変化を添えるシンプルな手法の1つが、同じパーツを鏡像仕立てにすること。これは特に小鳥や動物のモチーフでよく使われる。顔同士を合わせていれば“対面式”、図のロマネスク様式の小鳥のように後ろを向いていれば“背中合わせ式”。

交互に配されたモチーフ Alternating motifs

モチーフを交互に並べると決まりきったデザインが単調になるのを防ぐことができる。これはローマにあるファルネーゼ宮のエンタブレチュア。フラ・ダ・リ(百合の花)とゴシック風の葉紋様が交互に配され、デザインに変化をもたらしつつシンメトリカルなリズムを保っている。

フォルムのくり返し
Repeated forms

同じ形をくり返すとくどくなることなく変化を出すことができる。スペインはタラゴナにあるロマネスク様式の修道院では、ペアのモールディングを持つペアの柱身がアーケードを支えている。上方の円形窓も対になっていてモチーフを2つ並べるテーマがくり返され、さらに外側のアーチと合わせて3-2-1のリズムが表現されている。

人物像 *Human Figure*

人物像はきわめて魅力的な装飾モチーフで、建築史上ほぼどの時代でも変わらない人気があった。人物像は柱など建築物の一部を人間の形で表現する用途にも使われ、自立した像またはレリーフ像として宗教的な場面で用いられることが一番多い。人物の一部を動物の体などほかのパーツと組みあわせ、グロテスク《異様》な像に仕上げることもある。こういうグロテスク像はその荒唐無稽さで見る者を楽しませるのが目的といってよいだろう。ただしすべての宗教的文化が人物像を歓迎したわけではない。偶像崇拝につながる恐れがあるという見解を示した信仰もあり、像を壊す行為は“偶像破壊”といわれる。

カリアティード Caryatid
カリアティードは女性像の形で表現した柱身で、頭部で建物の重量を軽々と支えて立つ姿は実に優雅。古代ギリシャ建築でよく使われ、ギリシャ復興時代には女性が昔から負っている大きな重荷をカリアティードによって表した。

ヘッドストップ Head stop

ロマネスク時代とゴシック時代、男女を問わず人物の頭像が広く装飾として使われた。コーベルや持送りの装飾になったり、窓やアーチの上に配されるモールディングの終端部にヘッドストップとして用いられたりする。動物の頭像も同様に扱われる。

キューピッド Cupid

弓を持っていることが多い羽のついた小さな男の子の像は愛の神の名をとってキューピッドと呼ばれる。キューピッドだけ、または花綱やほかのオーナメントなどと組みあわせても用いられる。プット(古イタリア語で“小さな男の子”の意)も似たものだが羽がない。ただし赤ん坊の頭部に羽がついたチェラブ(ケルビム)というオーナメントがある。

ヘルム Herm

人物像とピラスターが一緒になったこの像はヘルム(ギリシャ神のヘルメスが語源)と呼ばれ、ルネサンス時代の装飾によく登場した。ヨーロッパ北部では特に人気があった。古代、ヘルムは大きな男性器を持っていたが後になくなり、一般的なグロテスク像となった。

アトラス Atlas

顔と体をねじまげて力を振り絞り、のしかかる建物の荷重を支えるように見える男性像は、ギリシャ神話の怪力の巨人にちなんでアトラス(複数形はアトランティーズ)と呼ばれる。その様子はどこかコミカルでもある。図は19世紀に建てられたドイツのアパートメント棟で、ドアの回り枠を支えるべく力むアトラス像が配されている。

動物像 *Animal Form*

動物像は様々な形で装飾に使われている。人物像と同じく建物の一部を動物の形で表し、全体の外観とうまくかみあわせることもある。装飾モチーフとして単独でも使えるし、葉や花紋様、または人物像と組みあわせることも可能だ。グロテスク風もしくは様式化した動物像が一番多く、この装飾はロマネスクやゴシック、ルネサンス時代の特徴でもあるが、写実的なものも利用された。古典および新古典主義時代は特にリアルな動物像が目立ち、スフィンクスのような想像上の生き物もまるで生きているような姿で描かれた。

ブクラニア *Bucrania*

ブクラニア(ラテン語で“牛の頭蓋骨”の意)は古典時代に広く使われていたが、ルネサンス時代以降にふたたび見られるようになった。通常は花綱と組みあわせてフリーズの装飾に用いる。古代ギリシャとローマの宗教儀式に捧げられた牛を記憶に留めるためのものだと思われる。

ビークヘッド Beak head

動物や人物の特徴を建築に取りいれる手法は建築家が遊び心を発揮できる場だった。これはロマネスク様式のモールディングで、ビークヘッドという様式化した鳥が“かみついて”いる。ほとんどのビークヘッドは鳥に似た形だがほかの動物や人間風のものも知られている。

グロテスク様式 Grotesque

様式化された奇怪な人間または動物像はグロテスク様式といわれ、ゴシックとロマネスク時代の装飾の特徴であり、ルネサンス時代の装飾スキーム（図）にもよく登場した。ただしほかの時代でも使われている。複数、特に背中合わせ式または対面式のペアで葉紋様とともに使われることが多かった。

鉤爪脚 Claw feet

動物の脚・足先・鉤爪は家具の脚に限らず柱礎の装飾にも用いられた。特に18世紀にこの種の装飾が多い。この柱礎から突きだした鉤爪のおかげで、実は柱が生き物なのではと夢想させられる。

スフィンクス Sphinx

架空の生き物である人頭のライオン、スフィンクスは古代ギリシャとエジプトの神話によく登場する。エントランスの番人として使われるケースが多いが、シンプルに装飾モチーフとして扱われることもある。架空の怪物にはほかにもハルピュイア（女性の頭と鳥の体を持つ）やケンタウロス（半人半馬）などがある。

葉飾り *Foliage*

葉や茎など葉状の模様は世界的にもポピュラーな装飾モチーフで幅広い用途がある。葉飾りは実物そっくりの写実的なものもあれば、高度に抽象化されて葉のエッセンスだけ、本質的な要素にまで凝縮された形で使われることもある。柱頭の飾りにもなり、コリント式など重要な柱頭の多くが葉飾りによるデザインをベースにしている。蔓模様や渦を巻く葉模様はくり返し模様として広い面積一面をカバーするのに用いられるが、葉1枚という形も建物のキーポイントに建築的アクセントとして利用される。

アカンサスの葉

Acanthus leaf

建築デザイナーは昔からアカンサススピノサス(トゲハアザミ)の切れこんだ大きな葉にインスピレーションを受けてきた。特にコリント式柱頭にはかなり写実的な形で描かれる。図のアテネにあるゼウス神殿の柱頭もその例。後の様式化されたゴシック式葉紋様の柱頭のルーツでもある。

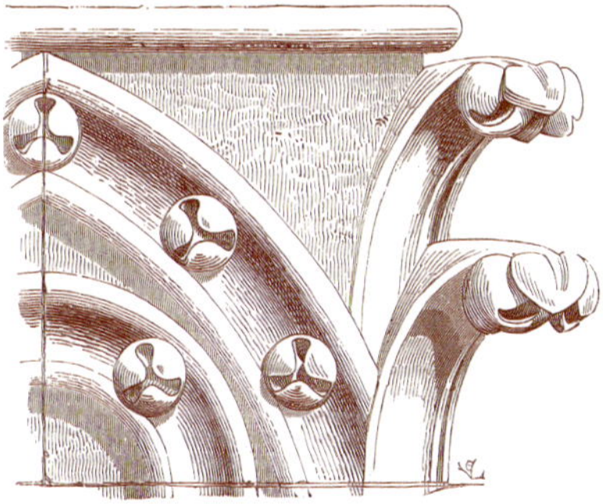

クロケット Crocket

柱頭や破風、キャノピーなどゴシック建築のパーツの端から突きだす抽象化された渦巻型の葉飾りをクロケットという。クロケットは開きかけの葉を思わせる形に仕立てられるのが普通。ここでは玉花飾りと組みあわせて表情豊かな装飾効果を生みだしている。

写実的な葉飾り Naturalistic foliage

建築オーナメントとしては様式化された葉飾りも写実的（リアル）なものもよく使われる。写実的な葉飾りはゴシック様式の特徴で、当時の石工は腕を振るって石材から実物そっくりの花・葉・果実を作りだした。ランスのフランス式柱頭はリアルなオークの葉とブラックベリーが彫刻されている。

蔓葉模様 Foliage trail

からみあった葉模様は実用的な装飾で、比較的少量のオーナメントで広い面積をカバーできる。この蔓葉模様は形を変えつつも建築史上ほとんど絶えることなく曲面にも平らな面にも使われ続けている。図の例は初期ルネサンスのピラスター。

アラベスク Arabesque

優雅に渦巻く様式化された葉模様はアラベスクと呼ばれ、壁一面をおおう模様として使われることが多かった。名前からアラビアにルーツがあるように思われるが、バロックおよびロココ時代にポピュラーだった写実的なデザインは、イスラム建築で好まれた幾何学的なデザインとはほとんど通じるものがない。

花模様 *Floral*

建築史上どの時代も、装飾モチーフとして様々な花模様の人気は衰えることがなかった。きわめて写実的な姿、もしくは幾何学的なまでに様式化された模様、両方の形で登場する。花のモチーフは古典建築(主にギリシャ)、中世時代、バロック時代、19世紀の特色として目立つが、花モチーフが使われなかった時代はない。実際の花と同様、葉や果実などほかのモチーフと組みあわせて花綱や花飾りに仕立てることもある。また写実的か幾何学的かにかかわらずどちらも繰り返し模様とも相性がよい。

アンテミオン Anthemion

アンテミオンはハニーサックルを図案化した花模様のこと。最初に古代ギリシャ建築に登場し、後世、特に新古典主義の時代に多用された。これと同様にほかにもパルメットなど様式化された花模様がある。これは椰子の葉をモチーフにしたもので、図のようにアンテミオンと組みあわせて使われることが多い。

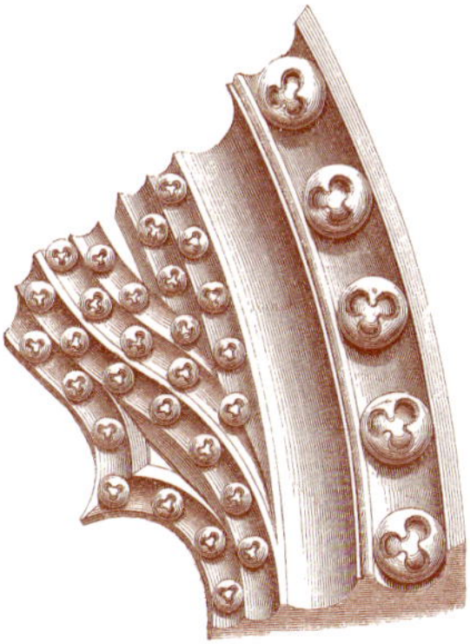

円花飾り Rosette

バラの花を様式化した円花飾りはいつの時代も建築装飾としてトップレベルの人気を誇っていた。これは重なりあう花びらのシンプルなデザインゆえに作りやすかったというのが大きな理由である。装飾的なアクセントのように単独で用いられることもあるし、広範囲のデザインの一部として扱われることもある。

玉花飾り Ball-flower

14世紀の英国ゴシック建築の装飾で特に目立つのが玉花飾りだ。これはつぼみにも似た丸い球に3枚の花びらがついている様式化された飾り。玉花飾りは戸口やアーチ、窓、尖頭の縁にライン状に並べるのが普通で、一面をおおう模様として用いられる。

花　綱 Garland

建築オーナメントには花や果実、葉がミックスされて登場することも多い。この1つがフェストーンまたは花飾りとも呼ばれる花綱の類で、フェストーンといえば実物の枝葉で作る場合もある。花綱はよりリアルに見せるため、よく高浮き彫りにする。

フラ・ダ・リ Fleur-de-lis

フラ・ダ・リは様式化された百合の花で両脇にしなだれたパーツを持つ。フランス王朝の紋章でもあり、装飾モチーフとして広く使われた。図はフラ・ダ・リを繰り返し模様に仕立てた床用タイル。またフラ・ダ・リは純潔のシンボルで聖母マリアとも関連づけられる。

幾何学模様 *Geometric*

あらゆる幾何学的な形——線から四角、円や十字、それらの中間的なすべての形——は装飾デザインの定番だ。幾何学模様の用途が特別広いのは、大きくも小さくもでき、複数を組みあわせて複雑なパターンに仕立てられ、無限に広げて広い面積や長い距離をカバーできるからである。この種のパターンは建築デザイン史上とぎれることなく使われていたし、特定の時代に限って用いられた模様もない。ただしある時代に強く関連づけられる形もある。ロマネスク時代に特徴的なシェヴロンや古典時代の曲折模様もその例だ。

シェヴロン Chevron

ジグザグのシェヴロン（山形紋）はアーチや窓、ドアなどの曲線に最適な模様。とがった形はカーブに合わせて広くも狭くもできるからだ。図のウィルトシャー州ディヴァイザズにある窓のように、一般的にはロマネスク時代と結びつけられる。アールデコ時代にも広く使われた。

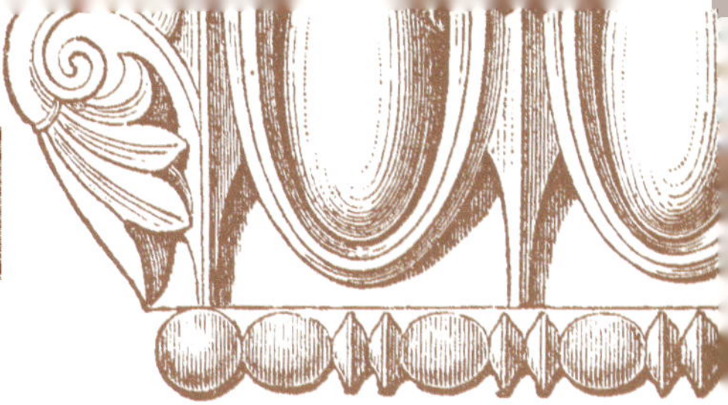

曲折模様 Meander

曲折模様(メアンダー)は線が直角に曲がりくねりながら交差し重なりあう雷紋だ。グリークキー模様ともいわれ、古代ギリシャで広く使われた。また18世紀後期の新古典時代に用いられた装飾デザインでも重要な位置を占める。

卵鏃飾り Egg-and-dart

このモールディングは上部をカットした卵の列のあいだにダーツまたは鏃《やじり》がはさまっているように見えるため卵鏃《らんぞく》飾りと呼ばれる。ここでは玉縁と組みあわせてより複雑な外観に。卵鏃飾りは古典時代および新古典主義時代、コーニスなどのモールディング帯に広く用いられた。

菱形模様 Diaper pattern

シンプルなX型もしくは十字型をセットまたは複数で用いると複雑でおもしろい続き模様ができる。これはある種のテキスタイルの織り目にちなんで、英語ではダイヤパーと呼ばれる。菱形模様は彫刻して、またはタイル張りで作ることもできるし、レンガの色の濃淡を変えてしつらえることも可能。

組みひも飾り Guilloche

円がからみあったパターンは組みひも飾り(ギローシュ)と呼ばれる。これと似た曲折模様と同じく、フリーズやコーニスの装飾に用いられた。またコーニスと天井のモールディングを表情豊かにする目的にも使われる。

オーナメントとしての建築構造
Architecture as Ornament

建築的なパーツは機能的な役目を引きうけるとともに装飾としても使われる。そもそも視覚的な安定感を与えるのが主な目的というケースも多い。フィニアル（頂華）はほかの形の締めくくりとなるし、持送りやコーベルの多くは突きだした部分を支えているように見えるが、実際はほかの手段で構造的な安定性を確保してあるのが普通だ。装飾そのものとして建築構造的デティールを使うこともある。ゴシック時代の破風とトレーサリーもその例だし、窓やドアの上に配されたペディメントは破風の縁をシンボル的に表すものだ。本章ではこれらの装飾的な構造パーツをいくつか見ていく。

マイクロアーキテクチャー
Micro-architecture

この尖塔の基部回りの装飾には破風やニッチなどミニスケールの構造デティールが用いられ、ミニチュアの建物が並んだような装飾効果を出している。これはマイクロアーキテクチャーといわれ、14世紀、特にイングランドのゴシック建築ではポピュラーな装飾モチーフだった。

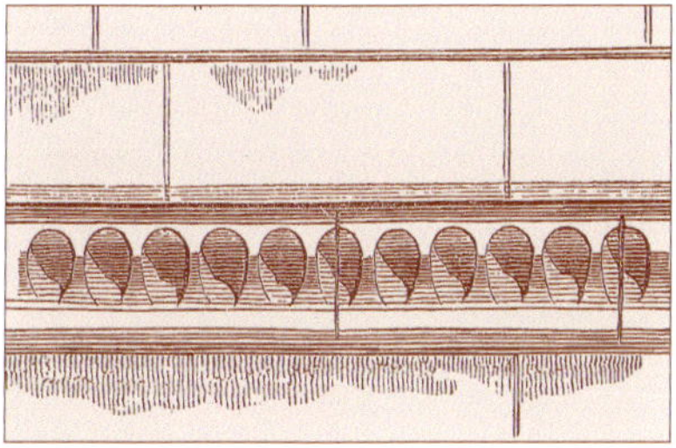

蛇 腹 層 String course

階のあいだ、またはファサードのデザインで重要な継ぎ目に配される水平の細い帯を蛇腹層(ストリングコース)という。ロマネスク時代とゴシック時代に広く使われ、後のレンガ造りの建物では塗り仕上げ(レンダリング)またはテクスチャー加工のレンガによって同様の効果を出した。

ペディメント Pediment

ペディメントはコーニスモールディングで3辺を囲まれた装飾的な破風のこと。図のように三角のものもあるし、曲線を描くものもある。ここであげたペディメントは頂部が欠けたブロークンアペックスで中央に壷のフィニアルを持つ。ただしブロークンベース（底部が欠けたもの)のペディメントもある。

渦巻形持送り Console

渦巻形持送り（コンソール)はS字の端が渦を巻く装飾的な持送りのことだ。古典時代と古典主義復興時代に人気を博し、バルコニー（図のロココ様式の例)やマントルピース、ドア・窓の上のコーニスなど張り出したパーツを支える目的に使われた。

キャノピー Canopy

彫像やドア(図)などのパーツにおおい被さるように張り出したフードがキャノピーだ。これはコネティカット州にある初期のアメリカンハウス。カーブするペディメントで作られたシェル型のキャノピーがついている。キャノピーはゴシック建築でも広く用いられた。

モールディング *Molding*

モールディングは長くのびた帯状のパーツで、立体構造のものが多い。開口部を美しく見せる、または柱頭・柱礎・コーニスなど他の構造パーツを装飾する目的に使われ、どの時代もとぎれることなく利用された。形としてはロール《巻物縁形》（よくトラスモールディングと呼ばれる）や、ホロウ《中空》、アングル（45度に面取りしたものなど）などがあげられる。モールディングの装飾に使われる模様はほとんど種類を問わないが、卵鏃飾りなどのくり返し模様が特に一般的だ。どんな長さでも対応できるためである。この種のくり返し模様のデザインはサイズを変えることもでき、モディリオンなど非常に大きいものも作られた。

モディリオン Modillion

張り出した横長の刳形部分が上部の水平面を支える形になっている持送りをモディリオンという。渦巻形持送りを横にしたような形状で、コーニス下側につける。新古典主義時代にはオーナメントとして非常に人気が高く、くり抜き構造の格間パネルと交互に配されることもあった。

スコティア（大えぐり）とトラス（半円形に突出した刳形）

Scotia and torus

これはイオニア式の柱礎で、モールディング――カーブ、ホロウ、表面に添えられたディテールなどが配されている――がどのように光と影で建築的なパーツを美しく演出するかがわかる。柱礎は基本的に先細りになっているが、ホロウ（スコティア）とロール（トラス）が形状のアクセントになっている。上のトラスモールディングにはインターレース模様が彫りこまれている。

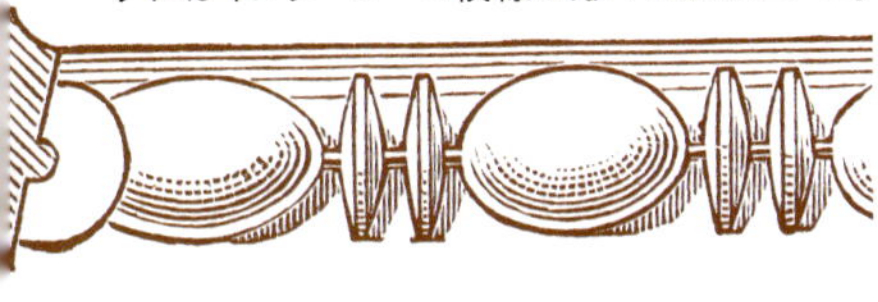

ビード・アンド・リール Bead-and-reel

球とビーズを連ねたようなこのモールディングはビード・アンド・リール（玉飾り）と呼ばれる。古典時代のギリシャ建築ではイオニア式と関連が深いが、ローマ時代や新古典主義時代など後の時代にも広く使われた。ロマネスク様式の建築にもこのヴァリエーションが見られる。

面取り Chamfer

アングルはアーチなどの構造パーツを柔らかな印象にする目的に使われる。面取り――角張ったモールディングの縁を斜めにそぐこと――はとりわけロマネスクおよびゴシック時代に人気があったが、どの時代にも見られる。面取りだけを施すこともあるし、ほかのモールディングと組みあわせて使われることもある。

卵鏃飾り Egg-and-dart

卵鏃の名がついた由来は容易にうかがえる。連なる丸い卵のあいだに細い鏃《やじり》がはさまったように見えるからだ。“鏃”部分の形によって英語ではエッグ・アンド・トング《舌》、エッグ・アンド・アンカー《錨》などとも呼ばれ、古典建築とそこから派生した建築の重要な要素である。

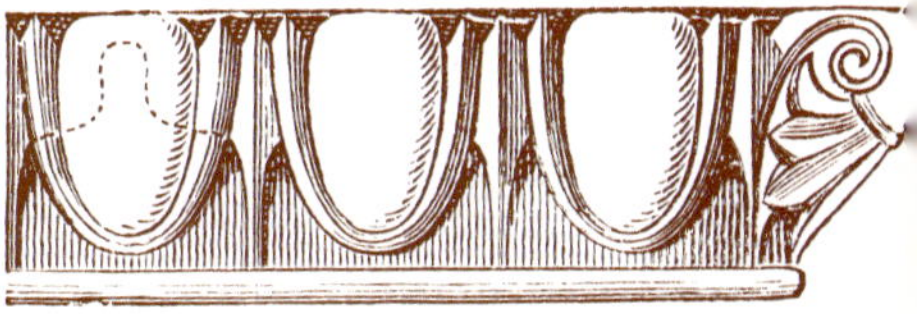

装飾オブジェクト *Decorative Object*

無生物を描写したパーツもよくオーナメントとして使われる。中でも人気が高いのは武器（槍や弓矢）、花瓶、壷、ピラミッド型のオベリスクだ。装飾的な革のストラップを表す帯模様（ストラップワーク）など様式化した表現形式もポピュラーだった。この種のオブジェクトは単独でも、または葉模様などほかのモチーフと組みあわせて使う場合もあるが、とりわけルネサンス、バロック、新古典主義時代に人気があり、ギリシャおよびローマ時代の雰囲気をダイレクトに演出する手段としてとらえられていた。知識がある人が見れば比喩的または象徴的な意味が読みとれるオブジェクトも数多く用いられた。たとえば壷は“死”を匂わせる。

カルトゥーシュ Cartouche
渦巻形模様の枠のついた、壁用の彫刻製飾り板をカルトゥーシュという。必ずではないが銘や肖像、何らかの場面が描かれることもある。とりわけバロックおよびロココ様式の装飾に広く使われ、リボンやバナー、蔓葉模様などで囲んで総合的な装飾効果を出すことも多かった。

紋章のディスプレイ Armorial display

中世とルネサンス時代、盾やかぶと飾りなどの紋章が建築オーナメントとして非常な人気を博した。エディンバラにある17世紀に作られたヘリオットホスピタルの入り口にはパトロンの紋章である盾、その上にかぶと形、下に題銘が刻まれており、凝ったディスプレイの主役となっている。

帯模様 Strapwork

革製ストラップに似ているため英語ではストラップワークと呼ばれる。ヨーロッパ北部、特にイングランドと北海沿岸低地帯の建築で人気のあった装飾形態だ。建材表面に施すこともできるし、図のように単独でクレスト（家具などの笠木に施す彫刻飾り）にすれば光と影がおりなす表情を演出できる。

オベリスク Obelisk

直線的な柱身が上に向かって細くなる、ピラミッドが細長くなったような形の高い塔をオベリスクという。図はベルギーのアントワープ市庁舎（1561-65）の切妻上にあるオベリスク。北部ヨーロッパのルネサンスでは鍵となる装飾モチーフで、このように切妻屋根に乗せることが多かった。

壷 Urn

建築でいう壷とは、蓋があり、背が高くて曲線的なラインを描くポットのこと。新古典主義建築家のロバート・アダムがデザインした図の壷のように先細りの台座に乗っている。古代ローマで葬儀に使われた容器がルーツで死を象徴する。似たものに花瓶があるがこちらは蓋がない。

GLOSSARY

用語解説

あ

アーキトレーヴ　古典建築のエンタブレチュアで一番下の部分。また開口部を囲む枠。

アーケード　アーチが列状に並んだもの。

アーチ　曲線を描く開口部。

アカンサス　深い切れこみの入った植物。ハアザミ。

上げ下げ窓　引き動かす部分が2つあるサッシ窓。

朝顔口　朝顔状の窓開口部

アストラガル　半円筒形のモールディング。

アトラス(アトランティーズ)　男性像の形を取った支持材。

アトリウム　屋根に開口部のあるエントランスホールまたは中庭。

アペックス　破風またはペディメントの頂点。

雨押さえ板　1種の木製下見板。

アラベスク　渦巻状の葉紋様。

アン女王朝様式　ゴシックとバロック様式のデティールがミックスした19世紀の折衷様式。

アンテフィックス　古典時代に屋根の末端を隠すために使われた直立瓦の1つ。

アンテミオン　様式化されたハニーサックルの葉。

アンフィラード　1列に並んだ部屋がドアですべてつながる作り。

イオニア式　古典建築の5つのオーダーの1つ。

石(レンガ)積み　石材またはレンガの構造。

板ガラス　大きな板状に成形したガラス。

インブレックス(牡瓦)　テグラ(牝瓦)のあいだの継ぎ目をおおうためのカーブしたタイル。

ウィユ・ド・ブフ　円形または卵形の窓。

ウェブ　ヴォールトのリブとリブのあいだの表面

渦巻形持送り(コンソール)　上端に内側へカーブする渦巻形が、底部に外側へカーブする渦巻形がある支え用の腕木。

腕木穴　足場を支えるため石材にあけられた穴。

エクセドラ　大きなニッチ。

桟　サッシ窓にガラスを固定する小さい縦または横の木格子。

エンタブレチュア　古典建築のオーダーで、柱頭の上の水平構造全体。

煙道　煙突の中の煙を外へ出すパイプ。

オーダー　古典建築の柱およびエンタブレチュアの様式で5つあるとされる。

オーランティカ(古代風)　古代をモデルにしたもの。

オクルス　丸窓。

オジー　浅い反転曲線またはS字曲線。

帯模様(ストラップワーク)　革ストラップに似た装飾模様。

オピストドモス　ギリシャ神殿の奥にある囲いこまれたポーチ。

オプスレティクラトゥム　コンクリートに埋めこまれた小さな石製タイルの網状模様。

オベリスク　背の高い先細りの、4面を持つ塔。方尖塔。

表玄関(ポータル)　堂々とした入り口。

親柱　らせん階段の中央柱、または直線階段の端にある柱。

オリエル　地面まで開くベイウィンドウ。

か

カーテンウォール　構造フレームの前面につける荷重を負担しない薄い壁。

階　建物の階層。

渦形　S字形のカーブ。

風見　風向を示す屋根の回転オーナメント。

華飾式　英国ゴシック建築の様式の1つ。

カスプ　アーチ内に配する装飾的な尖頭。

片持ち梁　外側に支えがない張り出し構造。

要石　アーチを固定する中央のブロック。

鐘吊小塔　鐘が吊られている小さな切妻。

仮面飾り　人間または動物の装飾的な面。

空積み　モルタルを使わない石積み工法。

カリアティード　ゆるやかに衣をまとう女性像の形をした支持材。

カルトゥーシュ　装飾的なフレームで、通常は楕円形か円形。

カンティッド　傾いていること。

ガーゴイル　グロテスクな吐水口。

ガラス張り　ガラスをはめこんであること。

側桁　階段の斜めになった側面。閉じた行桁とささら桁(踏み板と蹴こみ板の端が見える)がある。

キープ（本丸） 城の主塔。

起拱石 ヴォールトの基部をなす石。

紀元前 西暦紀元前、キリスト誕生前。

基台 柱または彫像を支える土台。

基壇 古典建築の神殿を支える基礎構造。

キャノピー 張り出した装飾的フード。

胸像 頭部と肩までの人物像。

胸壁 高い部分と低い部分が交互に並ぶパラペット。クレネレーション（狭間）ともいわれる。

曲折模様 直線が直角に曲がりくねった模様。

巨石（キュークロープス）式 大きな石を用いた石積み。

切石積み 一定の形のブロックを積んだ石積み。

ギャラリー 内部の廊下。通常は片側が開放された構造になっている。

ギリシャ復興様式 18世紀後期と19世紀初期に流行した、古代ギリシャを手本にした様式。

ギリシャ様式 紀元前7～紀元前2世紀に隆盛した建築様式。

クーポラ 装飾的な形の小さなドーム。

組子 参照→"桟"

組みひも飾り（ギローシュ） 輪をからみあわせた装飾パターン。

クラッディング 屋外用の外装材。

クリアストリー（明かり層） 高窓の列。

クレスト 笠木などの水平パーツの上に施す装飾的な造作。

クレネレーション 参照→"胸壁"

クローザー 開口部周辺に使われる短いレンガや石材。

クロケット 丸く様式化された突き出し葉飾り。

グロテスク 想像上または神話上の形象。特に人間と動物、葉などを組みあわせた姿を指す。

ケーソン 水分の多い条件下で基礎として用いられる密閉防水コンクリート構造。

ケイム ステンドグラスをはめこむ鉛の桟。

蹴こみ板 階段の縦板部。

コーニス 張り出した水平のモールディング。特にエンタブレチュアの最上部分を指す。

コーベル アーチや柱身を下から支える張り出したブロックまたは柱頭。

交差部 教会の身廊・袖廊・内陣が交差する部分。

交差ヴォールト 半円筒ヴォールトが交差しあったヴォールトでリブがない。

勾配 屋根の傾斜。

小面 幾何学形の1面。

こけら板（シングル） 木製タイルのこと。シングルといえば19世紀後期に米国で使われたアン女王朝様式のヴァリエーションも指す。

小尖塔（ピナクル） 通常はバットレスなどの構造の上に立てる尖った装飾的な塔。

古代 古代のギリシャ・ローマ時代。

コテージオルネ ロマンティックな田園風スタイルの"オーナメンタル・コテージ"の意味で、ピクチャレスクな風景の一部としてとけこむように作られることが多い。

古典的 古代ギリシャ・ローマ時代に関係すること。

古典的装飾様式（ボーザール） 19世紀後期から20世紀初期にかけて盛んだった凝った建築様式。

コノイド 円錐形の構造でファンヴォールトのファンを構成する。

コリント式 古典建築の5つのオーダーの1つ。

コロネード 列に並んだ柱。

コロネット 小さい柱。

コンクリート セメントと骨材（砂と砂利）を混合したもので乾くと非常に固くなる。建築材として用いられる。

後陣（アプス） 教会の半円形をした東端。

格間 パネルの格子状の模様。

ゴシック復興様式 18世紀後期と19世紀に流行した、ゴシック様式にヒントを得た様式。

ゴシック様式 1150頃-1500頃に流行したヨーロッパの建築様式。

さ

祭壇 神に捧げものをする台盤または壇。

サッシ窓 上下に（左右の場合もある）スライドする木枠の中に板ガラスをおさめてある窓。

サブドーム 部分的なドームで、大きなドームを支えるために使われることが多い。

シェヴロン（山形紋） V字形またはジグザグの紋様。

下見板 一種の羽目板。

写実的 本物そっくりなこと。

シャッター 窓をおおうために用いられる木製のドア。

GLOSSARY

用語解説

周歩廊　教会内陣を囲む廊下。

象形模様　物語を語る模様。

小塔　小さい塔。特に地面より上に建てられるものを指す。

鐘楼　鐘を吊る塔。

新古典様式　先立つ古典時代をベースにした建築様式。18世紀と19世紀初期に流行した。

神殿　宗教的な建築。特にギリシャまたはローマ時代のものを指す。

身廊　教会の平信徒が控えている部分。

蛇腹層（ストリングコース）　盛り上がった水平のモールディングで、視覚的に階と階を分ける。平縁ともいう。

十字形　十字の形をしていること。

充填材　骨組みのパーツのあいだを埋める材料。

ジョージ王朝様式　1714頃-1830に英国で流行した建築様式。

垂直式　15世紀に用いられた英国ゴシック建築の様式。壁と窓のパネル効果が特徴。

スカリオラ　顔料とプラスター、糊料を材料にしたペースト。

スキンチ　ドームとその下の建築物のあいだをうめる部材。ペンデンティヴのほうが洗練されている。

スコティア（大えぐり）　凹面を持つモールディング。

スタイロベート　古典様式の神殿で、基礎すなわち基壇の最上階のこと。

スタッコ　参照→“レンダー”

ステンドグラス　色つきのガラス。

ストールライザー　店舗の窓下の開口部のない部分。

スパンドレル　アーチと周囲を囲む方形のあいだにできる三角形の部分。

スポリア　再利用した材料。象徴的な意味を持つことが多い。

隅石　隅（コーナー）部を強化するために用いられる大きなブロック。

隅切り　斜めの表面。

西暦　世界で広く用いられている年号。

石工　石材またはレンガで建物を建てる職人。

セミドーム　半円形のドーム

セメント　石灰をベースにしたペーストで、接着力があり硬化する。モルタル、コンクリート、下塗りなどに使われる。

セラ（聖所）　古典時代の神殿で、周囲を囲まれた奥の神聖なエリア。

迫石（ブーソア）　アーチを固定するくさび形のブロック。

セルリオ式窓　パラディオ式窓のこと。ヴェネチアン窓とも呼ばれる。

尖塔　教会の塔の、背が高く先細りになる先端。尖り屋根ともいう。

側廊　アーケードで区切られた建物の一部。

組積　レンガ積みの工法。

粗石積み　不規則な形のブロックを積んだ石細工。

袖廊　教会で身廊と直交して設けられる翼部分。

外抱き　開口部の内側垂直面。

ソフィット（下端）　アーチなどの建築構造の下側。

た

タ・ド・シャルジュ　壁面からヴォールトリブが出る部分。

多色使い　複数の色を用いること。

縦溝　柱または表面に平行に刻まれた溝。

垂木　屋根板などを支える傾斜した長い屋根材。

大オーダー　2～3階、またはそれ以上の階を貫いて作られるアーチ。

台座（プリンス）　壁や柱など直立する構造の根本を支える、突きだした無地の台。

抱き　ドアまたは窓開口部両側の縦部分。

チャペル　教会の付属礼拝堂で祭壇がある。または小さな教会。

チューダー朝　英国の歴史上1485～1603年に渡る時代。

中世　ヨーロッパの歴史で1000頃-1550頃にかけての年代。

柱礎　柱の台座部分。

柱頭　柱の頭部。

つけ（柱）　壁に取りつけられていること。

付け柱（アン・デリ）　別の石が使われていること（ゴシック建築の石柱についていう）。

翼　建物の側面から突きだした部分。

ティエルスロン　構造的なリブと中央の棟リブのあいだに渡される装飾的なリブ。

ティンパヌム　ドアリンテルとその上のアーチのあいだの部分。

テグラ（牝瓦）　ローマの屋根瓦。もともとは平らだったが、後になって継ぎ目にかぶせるインブレックス（牡瓦）を支える小さく立ち上がった縁がつく。

テラス　住宅を一列につないだ構造。または庭に作る一段高くなった部分。

ディオクレティアヌス窓　3つの部分に区切られた半円形の窓。

トゥファ　軽量の火山岩の1種。

トゥレル　地面より上の壁上に配された小塔。

塔　横幅よりも著しく高さがまさる構造。

尖り屋根　参照→“尖塔”。

トスカナ式　古典建築の5つのオーダーの1つ。

突起装飾　ヴォールトのリブを固定する中央の石材。

トラス　半円筒形または円筒形のモールディング。

トランサム　窓を横切る横材。ドア枠の上部も指す。

トリグリフ　ドリス式フリーズの3本の縦溝があるパネル。メトープと交互に配される。

取りつける　別に作って後で加える。

トリフォリウム　ゴシック式大聖堂の中間層。

トリュモー　ティンパヌムを支えるポータル(玄関)の中央に立つ柱。

トレーサリー　ゴシック式窓に使われる装飾的な石の飾り格子。

ドーマー(屋根窓)　屋根から突きだした窓。

ドリス式　古典建築の5つのオーダーの1つ。

ドリップモールディング　参照→“フードモールディング”

な

内陣(聖歌隊席)　教会内にある聖歌隊のための場所。

ナオス　参照→“セラ”

ニッチ　装飾的なくぼみ、壁龕。奥の面と上部が曲線を描いていることが多い。

ノルマン様式　参照→“ロマネスク様式”

は

ハーフティンバー　木材の骨組みが露出した工法。

拝廊　初期キリスト教教会で、新たな改宗者が控えているところ。

歯飾り式モールディング　小さな直方体を列状に並べたもの。

柱　自立する支柱で、アーチやエンタブレチュアを支えることが多い。

柱身　柱の円筒形をした軸部。

鳩小屋　食料のために鳩を育てる鳩舎。

花綱　花と葉をつないだ帯模様。参照→“フェストーン”。

はね出し狭間　パラペットから敵に石などを落とす開口部。

破風　屋根の端にある三角形の部分。

破風板　屋根破風の斜めになった縁をおおう装飾ボード。

梁　水平の支持構造材。

張り出し部　上階の張り出した部分。

梁、根太　床または天井を支える水平材。

ハンマービーム　短く突きだした屋根材で直立するハンマーポストを支える。

バイフォレイト窓(双子窓)　2つの開口部がある窓で、上にラウンデルがあるものが多い。ヴェネチアンアーチともいわれる。

バシリカ　ローマとキリスト教建築で用いられた建物で、側廊のついた身廊がある。

バタリー　中世の住宅で使われた、水分を含む食材を保管しておく部屋。

バットレス　壁の補強のためにつけられる石細工の控え壁。

バラスター(手すり子)　手すりを支える直立した小柱。

バルコニー　張り出した回廊または通路。

バロック　17～18世紀にヨーロッパで隆盛した意匠を凝らした建築様式。

パネル　モールディングに囲まれた部分をカバーする装飾的な木製またはしっくい塗りの壁。

パラディオ式窓　大きな窓で左右に直線的な側窓があり、側窓のエンタブレチュアが中央のアーチ状開口部を支える。

パラディオ様式　アンドレーア・パッラーディオ(1508-1580)が創始した様式。

パラペット　屋根面から立ち上がった低い壁。

パルメット　様式化された椰子の葉。

ひさし　壁から張り出した屋根の部分。

菱形　ダイヤモンド形。

菱形模様(ダイヤパー)　四角または菱形をくり返す模様。

開き窓　蝶番つきのガラス戸がはまった窓。

ピア　柱のような石材の支柱だが、もっと大きくてがっしりしている。

GLOSSARY

用語解説

ピクチャレスク　“絵のような”という意味で、18 世紀後期に起こった美的概念の運動。ヴァリエーションとドラマ性に重点が置かれた。

ピラー　支柱、ピア。

ピラスター(柱形)　平らな柱状構造で、壁面と一体になっているのが普通。

フードモールディング　窓またはドアの上につける 3 辺のモールディング。ドリップモールディングとも呼ばれる。

ファサード　建築物の外部正面。

ファンライト　ドア上の半円形の窓。

フィールディッドパネル　正方形または長方形のパネルで中央部が盛りあがっている。

フィニアル(頂華)　破風・柱など垂直構造の頂部につける装飾。

フェストーン　葉と果実からなる曲線を描く花綱で、リボンが結ばれている。

踏み板　階段の水平に渡された段板。

フライングバットレス　自立構造のアーチつきバットレス。

フランス戸(窓)　床面まで大きく開く窓で、ドアのようにくぐってバルコニーやテラスに出られる。

フランボワイヤン(火炎)様式　中世後期に用いられたゴシック建築の様式。流れるような形のモチーフが特徴。

フリーズ　装飾的な水平帯。特にエンタブレチュアの中央部を指す。

フレーシュ　小尖塔のことで、通常は木材を鉛でおおう構造になっている。

フレスコ画　乾いていないしっくい壁面に顔料で描いた絵。

ヴァランス　窓上につけるファブリックまたは木製のカバー。ペルメットともいわれる。

ヴィクトリア朝様式　ヴィクトリア女王在位に関連すること。

ヴィラ　田舎の邸宅または郊外の家。

ヴェネチアンアーチ　参照→“バイフォレイト窓”

ヴォールト　石材のカーブした天井。

ヴォリュート　らせん形のカーブまたは渦巻。

ブクラニア　オーナメントとして用いられる牛の頭蓋骨を模した彫刻。通常は花綱と組みあわせて使われる。

ブラインド　壁に作られた、奥に実際の開口部がない構造(アーチまたはトレーサリーパターンに関していう)。

ブラインドアーケード　開口部のないかたどっただけのアーケード。

プット　男の子の裸像。

プラスター(しっくい)　粉末状にした石灰または石膏のペーストで内壁の仕上げに使う。

平面図　建築物内にあるスペースの配置を示す水平方向の断面図または図。

ヘッドストップ　モールディングの端に彫刻した人間の顔。

ベイ　建物の縦開口部。窓かアーチなどによる開口部を指すことが多い。

ペディメント　古典建築のポルティコがいただく破風。装飾的に用いられる破風のことも指す。

ペリスタイル　古典建築で、建物または中庭を囲むコロネード。

ペルメット　参照→“ヴァランス”。

ペンデンティヴ　丸いドームと方形の基部をつなぐカーブした三角形。

ホール　入り口。中世住宅のメインの部屋も指す。

方杖　直立材を連結する斜めの支持材。

ほぞ　2つの木片をつなぐためにほぞ穴に差しこむ突起。

ほぞ穴　ほぞ継ぎのためにあけられる穴または溝。木材をつなぐために使われる。

骨組み　木材または金属材で作る構造的な骨格。

ボウウィンドウ　弓形のベイウィンドウ

ポーチ　ドア前の部分的に囲まれたスペース。

ポート・カーシャ　車両が入れる屋根つき通路、または車両を乗り入れられる広さのある吹き放しのポーチ。

ポスト　直立する木材の支柱。

ポルティコ　建物玄関部にあるコロネード式の屋根つき部分。

ま

マイクロアーキテクチャー　アーチや破風をミニスケールで作る構造モチーフで、装飾的に用いられる。

まぐさ式　垂直材の柱と水平材の梁(リンテル)からなる構造形式。

窓の区切り　窓の分割された各部分。

マリオン　窓を分割する縦仕切り。

回り枠　フレームまたはアーキトレー

ヴ。

マントルピース　暖炉回りの装飾的な構造。

三つ葉模様　葉が3枚ある形。

ミナレット（光塔）　モスクにつけられる塔で、ここから信者に礼拝を呼びかける。

耳つき（アーキトレーヴ）　上のコーナー部に突きだした部分があること。

ムシェット　ゴシック様式のトレーサリーに使われる涙形。

棟（屋根の）　屋根の尾根。

メトープ　ドリス式フリーズの無地または装飾を施した板石。トリグリフと交互に配する。

面取り　縁を斜めに削ぐこと。

モールディング　成形または装飾された表面を持つ帯状部分。

モザイク　色つきの小さなタイルで構成される図柄。

モダニズム　1920頃から20世紀後期にかけて流行した建築様式。

モチーフ　装飾エレメントで、通常はくり返し模様として配される。

モディリオン　コーニス下に連続して配される渦巻形の持送り。

母屋桁　長方向に屋根を支える水平梁。

モルタル　石灰またはセメントで作られるペーストで、ブロックやレンガの接合材。

紋章　家紋の使用または家紋に関係すること。

紋章学　紋章盾と象徴的な記章を組みあわせるシステムの研究。

や

様式化　抽象的・象徴的に表現されること。

寄せ棟屋根　四方が傾斜した屋根。

四つ葉飾り　4枚葉の模様。

ら

ラウンデル　小さな円形の枠またはモチーフ。

ランセット　初期ゴシック様式の細長く尖った窓。

卵鏃飾り　卵と鏃に似た形を交互に配したモールディングの1種。

ランタン　屋根またはドーム上につけられた小塔で、光をともすところ。

リエルヌ　他の2本のリブのあいだに渡された純粋に装飾的なヴォールトリブ。

リスポンド　アーケードの終端に配される半円形のつけ柱。

立面構成　建築物の内部または外部の垂直構造（図）。

リブ　ヴォールトのアーチ状モールディング。

リュネット　半円形の窓。

リンテル（まぐさ）　開口部上に渡す梁で、抱き柱や柱で支える。

ルーヴァー　通気のための小さな開口部、または造作。

ルカーン窓　ゴシック様式の小さいドーマーウィンドウ。

ルスティカ仕上げ　各ブロックの中央が盛り上がるように切削された石細工。

ルネサンス　15～16世紀のイタリアと16～17世紀ヨーロッパ北部で起こった古典様式および知識の復興運動。

ルントボーゲンシュティール　“半円アーチ形式”を意味するドイツ語で、様々な時代のモチーフを使った19世紀中期の復興様式のこと。米国では実践者の1人であるヘンリー・ホブハウス・リチャードソン（1838-1886）にちなんでリチャードソニアン・ロマネスク様式と呼ばれることもある。

レゼーヌ　装飾的な石細工のストリップ（帯状突起）

レンダー（塗り仕上げ）　セメントと骨材（砂や小石）を混ぜたペーストで壁をおおって防水性を持たせること。スタッコとも呼ばれる。

連邦様式　1776頃-1830頃にかけて米国で流行した新古典様式の建築。

炉　火を熾すための耐火性の床部分。

ローマ風　古代ローマ、特に紀元前27～紀元330年のローマ帝国に関すること。

ロココ様式　18世紀に流行した軽やかで繊細な様式。

炉棚　暖炉上のリンテルまたは棚。

ロッジア　片方または複数の側面が屋外に開放されたコロネードの通路。

ロトンダ　円形の部屋。

ロマネスク様式　1000年頃～1200年頃にかけて使われた建築様式。イングランドとノルマンディ地方ではノルマン様式ともいわれた。

索 引

INDEX

さ

た

INDEX 索引

な

は

AUTHOR ACKNOWLEDGMENTS

I am very grateful to Dominique Page and the team at Ivy Press for doing such a good job in often trying circumstances. This book could not have been written without James Stevens Curl's *Oxford Dictionary of Architecture*, so many thanks to him for that labor of love and also to the numerous other authors I consulted along the way. In particular, Albert Rosengarten, Russell Sturgis, E. E. Viollet-le-Duc, J. H. Parker, and James Fergusson not only illustrated many of the buildings and other architectural items included in this book but taught me a great deal along the way. And finally, my biggest debts are to my wonderfully supportive husband Matthew and to Felicity, who helped in her own unique feline way.

PUBLISHER ACKNOWLEDGMENTS

Ivy Press would like to thank Sears Holdings Archives for kindly giving permission for the use of their images.

First published in the United States of America in 2008 by Rizzoli International Publications, Inc.
300 Park Avenue South New York, NY 10010
This book was created by IVY PRESS The Old Candlemakers Lewes, East Sussex BN7 2NZ, UK

CREATIVE DIRECTOR Peter Bridgewater
EDITORIAL DIRECTOR Caroline Earle
SENIOR PROJECT EDITOR Dominique Page
ILLUSTRATOR James Neal
PUBLISHER Jason Hook
ART DIRECTOR Sarah Howerd
DESIGN JC Lanaway

HOW TO READ BUILDINGS

建築物を読みとく鍵

著　者：

キャロル・デイヴィッドスン・クラゴー（Carol Davidson Cragoe）

ニューヨークとロンドンで学んだ建築史研究家。建築についてのライターや講師も務める。建物を作って利用していた当時の人々の暮らしをその建築物から解きあかす方法を専門とする。現在は英国教会の歴史と建築遺産を調査するプロジェクトに参加中。

翻訳者：

鈴木 宏子（すずき ひろこ）

東北学院大学文学部英文学科卒業。訳書に『ニューナチュラルハウスブック』『住まいの照明』『インテリア材料活用ハンドブック』（いずれも産調出版）など多数。

発　　行　2009年10月1日
発 行 者　平野　陽三
発 行 元　ガイアブックス
〒169-0074 東京都新宿区北新宿3-14-8／TEL.03(3366)1411　FAX.03(3366)3503
http://www.gaiajapan.co.jp
発 売 元　産調出版株式会社

ISBN978-4-88282-709-2 C3052
Printed in China